山下英三郎

迷走ソーシャルワーカーのラプソディ

どんなときでも、

「いいんじゃない？」

と僕は言う

明石書店

まえがき

僕の住まいは、周囲を赤松の高木で包み込まれるような場所に位置している。風の音や鳥の鳴き声などが聞こえることもあるが、多くの時間は物音ひとつしない静寂が支配している。人の声は、たまに通りを散歩をする人たちの会話が漏れ聞こえてくる程度だ。そんな生活感が希薄な環境に独居老人が暮らしていると、寂寥《せきりょう》感に支配されて、世界から取り残されてしまっているように思われるかもしれない。

しかし、人里離れて暮らしているからといって、世事と無縁であることはない。政治や経済のニュースは否応なく耳に入ってくるし、人と人との関係のあれこれに関する情報に心を乱されることもある。とはいえ、感じるストレスのレベルはやはり都会生活とは比べものにならないほどに低い。今ではこの穏やかさを手放して、都市の喧噪《けんそう》の中で生きることは考えられない。

そんな安らぎに満ちた環境に身を置いて、周囲とは関係を持たずに没交渉状態で暮らすこともあり得た。だが、僕は自分が携わり続けてきたソーシャルワークと、キャリアの終盤に新たに取り組み始めた修復的対話への思いを断ち切ることができず、それらを他者と共有したいと考え、自宅で宿泊型の研修活動をすることを考えついた。そして、現在の場所に移住してから2年後の2018

年にコスモス村と名づけたNPO法人を立ち上げ、2泊3日の研修プログラムを計画した。世間的にはそろそろ終活をするような高齢になってからの新たなスタートだ。

研修には全国各地からさまざまな人たちが集ってくれて、僕は絶えず新たな人たちと出会うことができるという恩恵に浴している。そこで自分のこれまでの活動や考えについて語ることが多いのだが、それらを語りっぱなしにするだけではなく、より多くの人たちと共有したくて、本にまとめてみることにした。僕が今日まで生きてきた軌跡は、決して他人様に誇れるようなものではないが、現在、生き方を模索して彷徨《ほうこう》している人や、世の常識や世間体などを気にして窮屈さを覚えながら生きている人たちに、こんな生き方もアリだよと伝えることによって、肩の力を抜いてもらえることもあるかもしれないと考えた。

僕の歩みは少しもスムーズではなくて、あちらこちらに頭をぶつけながら、曲がりくねった道をさまよい続けるような生き方だった。他人からは呆《あき》れられたり、非難されたりすることも少なくなかったが、それでも僕は自分の生き方を悔やんだりはしなかった。それどころか、むしろ愉《たの》しんできたといえる。いろんな意味で安定した道を歩むことが人生の王道であることは間違いないが、脇道に外れてジグザグに歩みを進めることも、つい見落とされがちな路傍《ろぼう》の光景に出合うことができるという点で、悪くはないものだ。

また本書では、専門職として、あるいはボランティアとして人と関わる活動をしている人たちに向けて、他者を支援するうえで心がけておいた方がいいと思うことなどを、僕の学びと実践経験を通して得た知見をもとに綴《つづ》っている。僕は紆余曲折《うよきょくせつ》を経てソーシャルワークにたどり着いた〝ワケあり〟ソーシャルワーカーだ。ただし、ワケありだといっても、決していい加減なソーシャルワーカーではなかったつもりだ。向かい合ってきた子どもたちや大人たちには、真摯な態度で臨み、相手に対する敬意や誠実さをもって接するよう努めてきた。そうした姿勢を書き表すことによって、読んでくれた人に何らかの示唆になればと願っている。

本書は4つのパートに分けて、パートⅠでは、現在の生活の中で感じていることを中心に述べ、パートⅡでは、僕の迷走人生を軸に、その中で考えたことを綴り、パートⅢでは、ソーシャルワーカーとしての実践の過程で経験したことや学んだことについて述べた。そして、パートⅣもパートⅢと重なる部分が多いが、視点を変えることでものの見方が変わるということを論じた。それぞれのパートは独立しているというよりは入り交じっていて、それほど明確な区別はない。

今現在、道中で迷い、どこへ歩みを進めるか途方に暮れている人たち（援助に携わる人も含めて）に、迷い人の先輩として自らの軌跡を応援の気持ちを込めながらつぶやいた。なお、本書で取り上げた事例に関しては、かなり時間が経過しているものの、仮名はもちろん状況設定を少し変えるなどの配慮をしたが、パートⅢの「評価の時代に」で取り上げたユメさん（仮名）のケースについては、ご本人とご家族の了解を得て事実を記した。

迷走ソーシャルワーカーのラプソディ　《もくじ》

パートI 新たな道へ

いろんな顔を見せてよ まだ見ぬ俺の
たやすく決めつけないさ 自分の事を
めぐる生命の音が聞こえる
そいつに乗れば 素敵な事だろう

岡林信康「山辺に向いて」

1. 終《つい》の棲家《すみか》を求めて

求めていたイメージとは違ったけど

僕は引っ越し魔というほどではないが、何度も転居を繰り返した。ある程度気に入った家に住んだこともあるが、どこに住んでいても、〝ここで人生の最期を迎えるのはイヤだ〟と思っていた。できれば自然が豊かな場所で暮らしたいといつも思っていたので、講演旅行などで地方へ出かけると、この辺にいい場所はないかという目で景色を眺めるのが常だった。70歳になる年に、勤務していた大学を完全に退職することになっていたので、辞める少し前から具体的な場所探しに向けて行動を開始した。移住先を探している過程ではずっと古民家を想定していて、長野県や山梨県へ何度も足を運び、物件を見て回った。中には、気に入った物件があったりしたものの、一足先に買い手がついていたなんてこともあったりした。そうやって、二十数軒は見たのだが、どうにも自分のイメージにぴったりする家と行き合わないという状態がしばらく続いた。

なかなか気に入った物件が見つからず、退職後も当分の間それまでの家で暮らすことになるのかなと焦りを感じ始めていた頃に、古くからの知り合いで2008年に長野県の富士見町へ夫婦2人で移住していた戸田さんから連絡があった。2人は、それまでに山梨県での家探しに協力してくれ、一緒に家の下見にもつき合ってくれていた。だから、僕がどんな家に住みたがっているのかを知っていてくれた。その彼らが、〝山下さんの好みとは異なるかもしれないけど〟と前置きしたうえで、自分たちが住んでいる家の近くに売りに出ている物件があるから、見るだけみてみないかというのだった。どこが僕の趣向と違うかというと、そこはログハウスで森の中にあって、畑は近くにないということだったからだ。縁側の前に畑が広がっている家を探し求めていたので、う〜ん、それは食指《しょくし》があまり動かないなと思いつつも、何軒見てもなかなか思い通りの家には出合えていなかった焦りがあったので、戸田さんには一応現物を見てみるという返事をした。

現場に足を運んだのは、2月の寒さがもっとも厳しい時期だった。中央道の小淵沢インター出口から林の間を20分近く走ったところに目的の家はあった。標高が1200メートル以上もある高地だった。外面も屋根もブルーに塗装されたログハウスの周囲は、雪に覆われていた。想像していたよりも広い敷地をひと通り見て回ったあと、寒気から逃れるために屋内に身体をすべり込ませると、広いリビングの中央部分に薪ストーブがあり、仲介の不動産業者の方が火を焚《た》いてくれていた。やわらかな暖気が僕を包み込んでくれた。その瞬間に、もう僕はその家に魅せられてしまった。すべてが木で作られている家の柔らかさを肌で感じ、古民家にこだわる必要はない、この家に住みたいと僕の感性が直感的に反応したのだった。

とはいえ、かなり広さのある家だから価格の問題が気になった。都会よりは格安とはいえ、僕の資金力では購入することは無理だろうと思って業者の方におずおずと価格を尋ねてみたところ、持ち主がある事情でできるだけ早くお金が必要だという理由があって、相場よりもかなり安く購入できるだろうという返答だった。具体的におおよその金額を訊くと、それまで住んでいた家を売って、退職金を足せば購入できなくはないと思えた。妻の意向も聞かずに、その場ですぐに購入の意思を伝えることはさすがにしなかったが、さして長い時間をおくことなく、青いログハウスを自分の住処《すみか》とすることに決めた。決断が早いのは、僕の真骨頂だ（その分、いろいろと失敗がつきものだが……）。

妻は難病のため、当時、相当体調が悪化していて、移住計画にはあまり関心を示していなかった。しかし、僕は彼女が恵まれた自然の中で暮らすことは、体調にいい影響を及ぼすはずだと考えていた。そこで、消極的ではあったものの、彼女の同意を得たうえで計画を進めた。いろいろと事務的な手続きを完了して、２０１６年7月の初旬に移り住んだのだが、その前に何度か引っ越しの事前準備のために現地を訪ねる用事があった。その時に、一緒に行ってこれから住むところを見てみようと彼女を誘ったが、最初は気持ちが動かず、僕が適当に移住を進めればいいという返事だった。

それでも、僕は「自分がこれから住むことになる家だから、引っ越す前に一度は見ておいた方がいい」と説得して、半ば強引に連れて行った。

現地に着いて家を確認すると、彼女のそれまでの消極的な気持ちは完全に吹き飛んでしまい、広々としたログハウスをすぐに気に入った。そんな経緯があって、2016年の夏にそれまで住んでいた埼玉県所沢市から長野県の富士見町に移住した。やがて妻は、訪ねてくる友人知人に対して、まるで自分がこの家を探したかのように自慢するようになった。しかし、彼女は結局青いログハウスには1年半ほどしか暮らすことがなく、突然逝《い》ってしまった。僕が20歳、妻が18歳の時に出会ってから、何もかも一緒にやってきた関係だったが、それからは1人で生きていかなくてはならなくなった。でも、彼女が新たな住まいを気に入ってくれていたのは、僕にとっては何よりの救いだ。

夢はなかなか……

僕は園芸が好きなので、移住してからの夢のひとつは、花が絶えない庭作りをすることだった。園芸が好きだといっても、マニアックにランが好きだとか、山野草にこだわっているとか、ひとつのことを極める類いの趣向ではなくて、単純に庭に花が咲くのを愉しむ程度のもので、園芸が趣味ですと他言できるほどではない。こだわったとすれば、長年住んだ所沢市の小さな庭では、1年中花を絶やさないということだった。そのためには、どんな花をいつ頃植えるかと計画を立て、季節ごとに園芸店に足を運ぶことが愉しい営みだった。当時は、安価で花期が長い花を優先的に植えることが多かったので、毎年似たような種類の花になりがちだったとはいえ、季節ごとに少しずつ庭の雰囲気が変わるのは悪くないものだった。

だから、300坪の広さの敷地が手に入ったことは、花好きの僕としては胸躍ることだった。ターシャ・デューダーの庭とまではいかなくても、広い土地に花が咲き乱れるイメージを頭の中に思い描いた。しかし、広い庭はほとんど手入れがされておらず、木々がびっしりと生い茂って花を植えるスペースなどなかった。だが、そこは昔植木屋をやっていた経験があるので、自分で木を伐ったり草を刈ったりすればいいことだと安易に考えていた。

家の内外の整備に何ヶ月もかけて、ようやく秋の終わり頃には草花の苗や球根などを植えるスペースができたので、2017年の春には思い描いていたように花が咲き乱れる庭にしようと考え、思い切ってたくさんの球根や苗、花木を買って庭に植えた。頭の中には、春にはすっかりターシャの庭のミニミニ版となった自宅の庭がイメージとして描かれていた。ところが、だ。苗や球根を植えて2、3週間ほども経った頃だろうか、僕のルーティンとしてカーテンを開けて朝の庭を眺めると、庭のあちらこちらが無残にも掘り返されていた。球根や苗を植えた場所が、凸凹《でこぼこ》になってしまっていたのだ。その瞬間に、僕の頭の中にあったターシャの庭のイメージは脆《もろ》くも砕け散ってしまった。

鹿の小集団が時々庭に来て休んでいたので、すぐに鹿の仕業だと分かった。それまでの生活体験では、鹿の食害というのは植林された山林で起こるものだと思っていて、わが庭でもありうるとは想像もしたことがなく、球根や花の苗は植えれば育つものだと思っていた。だから、防衛策を考えるなどということは少しも頭になかった。それにしても、見事な嗅覚というか察知能力だ。庭のあちらこちらにいくつかの種類を分散して植えたのに、ほぼすべてが食い尽くされてしまった。おまけに高原の冬は寒い。積雪はそれほど多くないが、気温が低いので降るとなかなか溶けないどころか、土が冬の間中コチコチに凍ってしまうので、かろうじて食害を免れた植物たちも凍死してしまった。そういうわけで、移住して初めて迎えた2017年春の庭は、彩りのない寂しいものだった。

もうひとつつけ加えると、花に加えて果実がたわわに実るイメージも抱いていたので、所沢にいる時にスモモやリンゴ、栗、アーモンドなど何種類もの苗木を買っておいて、転居してから植えておいた。それらもひとつとして開花することはなく、枯れてしまったり、生き残ったとしてもまったく大きく育たなかったりして、生き残った庭木も7年が過ぎた今も買った時とほぼ同じサイズだ。

しかし、最初の春がそうだったからといって簡単に引き下がるわけにはいかなかった。ターシャの庭のイメージはしばらくするとふたたび蘇り、鹿の食害に遭わない方法やら種類の花木をインターネットで調べ、2018年の春こそリターンマッチをしてやろうと考えて網を張ったりしたが、結果は惨敗だった。かなり力が抜けてしまったが、それでもギブアップすることはできず、2019年の春も、2020年も2021年の春も鹿に挑み続けた。でも、一度も努力は功を奏することはなく連戦連敗だ。それでも、鹿が手（脚を？）出さない花木があることが少しずつ分かったので、その知識の幅を広げつつ、いつかは花が咲き乱れる庭を実現すべく奮闘しているところだ。

ちなみに、鹿の食害を避ける方法や、食べない草木類をネットで調べると情報はいろいろ載っている。だが、大抵は鹿の方に軍配が上がる。彼らの食に関する嗜好《しこう》の幅の広さは実に驚くべきだ。あじさいは毒があるから食べないとか、水仙も食べないとかいろいろ書いてあるが、そんなことはない。確かに水仙などの球根は食べないが、花や葉っぱは食べる。梅やスモモなどの花木類も、新芽はほぼ食い尽くされる。始末が悪いのは、草花にしても土中から顔を出している花だけを食い尽くすだけなら、まだ後から再度芽を出す可能性があるから救われるのだが、彼らは根っこからほじくり返してあちらこちらへと散らかしてしまう。家庭菜園コーナーも作ってみたりはするのだが、いい感じに育ってきたなと思っていると、朝にはまるで草刈り機で刈り取ったように食べ尽くされているのだった。見た目は本当に愛らしいのだが、やることはかなりエゲツない。

鹿の食害について書くと、恨みが強いだけにもっと書きたくなってくるのだが、そのことを言いたくて本書を書き進めているわけではないので、この辺でブレーキをかけておくことにする。僕がこのエピソードを通して言いたいのは、いくら努力をしても、その努力が実らない場合があるということだ。これまでに、頑張っても頑張っても、いい結果が得られない経験が過去にいくつもあったせいか、僕は、「努力は報われない」「正直者は損をする」というひねた言葉を自分の格言としてきた。ある時、大学の授業でその格言を学生たちに向かって口にしたことがあった。本人としては軽い気持ちで言ったのだが、授業後のリアクションペーパーに、何人かの学生がその言葉にショックを受けたと書いてあるのを読んで泡を食った。これは、次の授業で少し丁寧に僕の真意を説明する必要があると思った。

努力や正直は、損得じゃない

「努力は報われる」「正直者は得をする」という言葉は、誰でも知っている教えの定番だ。「努力は報われる」というのは、何か目標があって、それを達成するために努力を続ければ、やがて目標としていたものを手にすることができるということだ。その思いを抱き続けて励む。努力が報われることに疑問を抱く余地がないかのようだ。だけど、実際はどうなんだろう。僕の庭作りじゃないが、いくら努力しても報われないこともある。また「正直者は得をする」というのは、正直であれば、必ず自分の利益となる見返りがあるはずだから、正直を貫けという教訓だ。

僕は、このふたつの教えがあまり気に入っていないので、へそを曲げて「努力は報われない」とか、「正直者は損をする」と言っているわけだが、なぜあまり気に入らないかというと、ふたつとも功利的というか打算的に思えるからだ。努力をすることや正直であることによって内心の満足が得られるのならばまだしも、報われたり得をしたりといった結果を得ることができるという功利性を示されると、報われることや得をすることの方に比重がかかって、努力や正直さそのものの掛け値のない価値が軽視されるように思えるのだ。努力しても報われないとしたら、その努力は止めてしまうのか、あるいは正直であっても得をしなければ、正直であることを止めてしまうのかというひねくれた問いかけが生じてくるのだ。

僕は、努力というものは報われるとか、報われないとかといった次元を超えてもなされうるものだと考えているし、正直であることも生き方の問題としてあるので、得をしようがしまいが正直さは貫き通すものだと思っているから、へそを曲げてあえて「努力は報われない」とか、「正直者は損をする」と言ったりしている。

わが家におけるターシャの庭化のための努力についていうと、5年が経っても6年が過ぎても報われてはいない。でも、僕は努力することを手放さないし、これからもそうし続けるだろうと思う。死ぬまで報われることもないかもしれない。そうなった時に、僕は続けてきた努力を無意味だったと思うだろうか。多分そうは思わないだろう。鹿たちに脱帽しつつも、自分が諦めずに努力をし続けてきたことを悔いたりはしないはずだ。僕はそれまでのごく個人的な営為が、僕を生かすひとつの原動力になってきたと感じることは間違いないと思っている。

きわめて狭い範囲内のよしなしごとだって、いくら頑張ってもできないことがあるのだから、自分の力が及びにくい社会に関わることとなると、もっともっとできないことだらけだ。だけど、絶望してはいられないと考え、発言したり行動したりしている例はいくらでもある。例えが適切かどうか分からないが、勝てないケンカをし続けることはあるし、そうすることの意味は必ずあると断言できる。

僕のヒーローであるM.L.キング牧師

こう書いていて頭に浮かんできたのは、ローザ・パークスという女性のことだ。彼女は、黒人差別が現在より激しかった１９５０年代にアメリカのアラバマ州モントゴメリーという都市に住んでいた女性だ。ある日、公営バスに乗車していたところ、後から乗り込んできた白人男性に座席を譲るようにと運転手に促されたが、彼女はその指示に従わなかったために逮捕された。彼女が断固として座席を明け渡さなかったため逮捕されたことがきっかけとなり、キング牧師らが主導する黒人によるバス乗車ボイコット運動が1年にわたって展開され、アメリカにおける公民権運動の盛り上がりに火をつけた形となった。このように、たった1人の行動が社会を動かすことがあるのだ。

そんな大きなことではなくても、例えば、僕がわが国で初めてスクールソーシャルワーカーを名乗って活動を開始したことについても似たようなことがいえると思う。たった1人で、周囲からは無理だと言われ、現実を分かっておらず、身のほど知らずの無謀な試みだと何度も言われた。だが、現実の方が変わった。スクールソーシャルワークに関しては、かならずしも僕の努力が報われたとは思っていないが、勝てないケンカもし続けてみると、物ごとが動くことはあるものだという証しではあると思っている。

ミニ・ターシャの庭までは遠い道のりだけど

1986年に活動を開始した時は、スクールソーシャルワークは10年も続けていれば少しは広がるだろうと思っていた。特に根拠はなかったのだが、10年をひとつの目安としていた。しかし、10年が過ぎても広がる気配はなかった。子どもや家族との関わりでは、それなりの手応えを感じていたので、線香花火のように儚《はかな》い灯火だけど、ゼッタイに消えてなくなりはしないはずだと強く思っていた。しかし、10年が過ぎても1人であることには若干落胆をした。それでも、手応えに対する確信が薄れることはなかった。そして、その確信が決して盲信ではなかったことは、その後の動きが証明している。２０００年代に入ってから微《かす》かに増え始めたスクールソーシャルワーカーは、今や全国に数千人もいる。

ローザ・パークスが公民権運動を指導したわけでもないし、僕がスクールソーシャルワークを１人で広げたわけでもないが、どちらも広がっていくきっかけを作ったことには疑いがない。こうしたことを念頭に置くと、「努力は報われない」という僕の格言はどうも怪しくなってくる。僕は、「努力は報われることがある」と言い換えなくてはならないが、厳密に言うと、努力というものは、心から達成したい目標があるとすれば、報われる、報われないという次元を超えてするものではないかということだ。

もうひとつの言葉として取り上げた「正直者は得をする」という教えに関しては、正直という生き方は、今の世の中ではずいぶん価値が下落していて、人々の関心をあまり引きつけないのではないかと思うのは僕だけだろうか？　特に２０１７年からの数年間に、大幅に急降下したように思う。森友学園にまつわる多くの疑惑、加計学園建設に関わる疑惑、さらには桜を見る会など、一国の首相が密接に関わる問題について、国会で幾人もの証言がなされたが、正直な内容とはほど遠く、公文書の改ざんも明らかにされた。にもかかわらず事実を明らかにする追及の手はマスメディアを含めて十分になされたとはいえず、正直ではなくても生き延びることが可能だということが、社会に周知されたように思える。正直を貫き通そうとした人間が、自らの生命を絶たなくてはならない、まさに「正直者が損をした！」ほどの状況になっていることを考えると、正直であることは痛ましいことのように思えてしまう。

子どもの頃に、アメリカの初代合衆国大統領であったジョージ・ワシントンのエピソードに何度も触れる機会があった。ジョージが少年時代に、庭に植えてあった桜の木を伐り倒してしまったのを父親が見つけて、誰が伐ったのか問いただしたところ、ジョージが、自分が伐ったと正直に名乗り出たという話だ。このエピソードは、正直であることの大切さを子どもたちに教えるためのエピソードとして取り上げられて、僕など正直者は将来偉い人になれるんだ、と信じ込んだりしたものだ。こんな話は今でもされているのか知らないが、されたとしても聞いた子どもたちにはリアリティのない話かもしれない。

しかしそうはいっても、僕は正直であることには惹かれる。「正直者は損をする」などと偏屈な言い方をしていても、僕は可能な限り正直でありたい。損をしたとしても、正直であり続けたいと思う。正直であるというのは、今や色褪せてしまいクールな生き方ではなくなっているとしても、このまま葬り去ってしまうわけにはいかないのだ。正直であることはたぶん、心身にストレスがかからないから健康にはいいはずだ。今日、無数といっていいほど健康法があり、多くの人たちが心身のケアにいそしんでいるが、今や影が薄くなっている正直さは、健康増進のために復活させるといいかもしれない。そうなれば、「正直者は得をする」という言葉は新たな粧《よそお》いをまとって現代に根づくことができるだろう。

庭で土をほじくり返したり、草むしりをしたり、そして鹿の仕業《しわざ》に脱力させられたりしながら、そんなことを考えていると、あっという間に時間が過ぎてしまう。気持ちが乗ってくると、日が暮れることが恨めしくなり、1日が26時間とか28時間あればいいのになぁと思うことがよくある。一般に思われるほど田舎暮らしはのんびりと時間が流れるものではなくて、けっこう忙しいものなのだ。そんな暮らしであり、ミニ・ターシャの庭まではまだ果てしない道のりだが、そこへ至ろうとする努力そのものこそが、充実した時間を持てていることの証しであって、すでに報われているのかもしれない。

2. コスモス村から ～つながり合うために～

移住まで

現在地への移住は、当初から想定していたことではなかった。どちらかというと、長野県はそれまで生活の基盤を置いていた首都圏からは離れすぎているという感覚があった。田舎暮らしの夢は昔から抱いていたものの、首都圏近郊でやりたいことがあった。それは、２００６年に閉じた所沢市のＢＡＫＵという居場所を形を変えて再開することだった。１９８７年からスタートしたＢＡＫＵの活動は充実していたが、僕は仕事の関係で年を追うごとに関わり合う密度が薄くなってしまい、それを閉じた後もどこか不全感を覚え続けていた。運営自体は、代表を務めていただいていた滝谷さんが十分にやっておられたので何の問題も感じていなかったが、自分自身の関わり方には物足りなさがあった。だから、大学を定年退職した後は、ＢＡＫＵとは違った形で居場所活動をしたいという思いがあった。

ＢＡＫＵは、子どもたちを対象とした居場所だった（実際は青年層の利用も多かった）が、僕は乳幼児から高齢者までが集える居場所を始めることを考えた。幸いに、スクールソーシャルワークの仲間である入海さんが一緒にやりたいと言ってくれたので、大学を退職する前から候補地を探し始めた。入海さんの家族と一緒に、三浦半島や伊豆半島など、太平洋側に面した土地を求めて訪ねたりしたが、そもそも物件がなかった。万が一あっても、手を出せるような価格ではなかった。そういうわけで、候補地の範囲は次第に広がらざるを得なくなり、千葉県や群馬県などへも足を伸ばしていった。

首都圏から、特に神奈川県から遠く離れると、入海さんにとっては都合がよくなかった。というのも夫君《ふくん》である誠一さんの仕事上の都合があったからだ。でも、神奈川近在にこだわっていては適当な物件に出合うチャンスはないため、山梨県やついには長野県まで触手を伸ばした次第だ。

結果的には、長野県の富士見町に住みつくことになり、入海家とのコラボレーションは実現しなかったが、幸いにして日帰りも可能な場所なので、家族でたびたび訪ねてくれていて、所沢時代から毎年の恒例行事となっている味噌造りも欠かさず続けている。

言い出しっぺのオトシマエ

２０１８年の４月にコスモス村と名づけたＮＰＯ法人を立ち上げ、現在、少人数制の宿泊研修を月一度のペースで実施している。内容は、ソーシャルワークの基礎講座と修復的対話研修の２本立てで、隔月ごとに同じプログラムを行っている。２０１６年に移住してきた時は、研修をやることは考えていなかった。妻が薬物依存症者の回復施設でスタッフをやっていた関係で、その施設を利用する女性たちとの交流の機会があって、ひとりひとりの事情をいろいろ聞くことがあった。その話の中で、身辺が穏やかではない女性にとって、日常の環境から離れて安心して過ごすことができる場があるといいなと考えていたので、短期滞在型のシェルターのようなものを始めたいと思っていた。周囲の雑音から隔てられて、一緒に食事をして、安心して寝てもらう場ができれば、多少は役に立てるかもしれないと考えていた。ところが、難病を患っていた妻の身体の状態が加速度的に悪化していったため、その計画は断念せざるを得なくなった。断念したあと、２人だけで暮らすには広すぎる家を有効活用するにはどうしたらいいかは、すぐには思いつかなかった。

研修の場とすることに考えが及ばなかったのは、僕はもうソーシャルワークの分野で自分が果たすべき役割は終わったと考えていたし、まだ認知度が低い修復的対話に関しては、自分があちらこちらと出かけて講演やワークショップを続けることを考えていた。そんな頃、わが家に遊びに来た友人たちと家の使い方について話をしている時に、研修の場として活用しては、という案が出た。僕は、その案に最初は乗り気ではなかった。今さら僕の出番でもないだろうという思いもあったし、第一、交通不便な山奥に誰が研修を受けに来るだろうという疑問もあった。

しかし、よく考えてみると、僕はソーシャルワークの中でも、特にスクールソーシャルワークの啓発に心血を注いで長年活動を続けていた。そしてその中でも、とりわけソーシャルワークの価値や理念の重要性について力説してきていた。それなのに、導入が広がっているスクールソーシャルワークは、ソーシャルワークの価値と理念に沿った広がり方をしているかと問うてみた時、決してそうとはいえず、僕が考えていた形とは異なる道筋を辿《たど》っていると思える実践が、あちらこちらで展開されているという状況があった。

そんな事実を知っていながら、引退したような気持ちでスクールソーシャルワークを傍観するのは、言い出しっぺとしては無責任なことなのかもしれないと思うようになった。だから、受講者が来るか来ないかは別として、僕なりの思いを発信する意義はあるだろう

友人が作ってくれたコスモス村の看板

と考えた。僕の思いを受け継いでくれる人たちが現れる可能性もあるだろう。また、修復的対話の方はまだ萌芽《ほうが》状態にあるので手を引いてしまうことは考えてはいなかったものの、わざわざ交通不便な地まで赴いて受講しようというニーズがあるかについては皆目見当がつかなかったが、こちらも僕からのメッセージ表明手段のひとつとして研修プログラムを立ち上げることにした。

とはいえ、研修プログラムを企画し実施するのは、妻が身動きのとれない状態では不可能に近かった。計画を進めることができたのは、現在コスモス村の事務を担ってくれている中澤さんの存在があってこそである。中澤さんは、僕が大学教員になって2、3年目に大学併設の社会事業学校研究科でゼミ生だった。研究科というのは、社会福祉士の養成施設だった（2004年3月廃校。その後、専門職大学院として組織改編）。大学学部時代には福祉以外の専攻をしていたがゆえに、国家資格である社会福祉士の受験資格がないため、1年間通学して所定の科目を学び、実習を経て受験資格を取得しようとする学生たちが集っていた。80名を超える学生たちが在籍し、年齢も背景もさまざまだった。大学の新卒者もいたし、社会人経験を経て新たに学ぶ人たちもいた。

つまり、社会福祉士国家資格取得のための予備校のようなものだったが、学生たちの学ぶ意欲は高く、授業が始まる時にはほぼすべての学生が着席しており、欠席する者もほとんどいなかった。社会人経験者が多く、質問も活発でしかも鋭い内容が少なくないため、教員の間では研究科の授業は緊張するという話があったりした。だが、学生同士の関係には張り詰めた雰囲気はなくて、勉強以外のことでも積極的に活動をしていた。ちなみに、同期生同士の結婚も多かった。毎年5、6組のカップルが誕生した。研究科では全員が十数人程度に分かれてのゼミもあった。ゼミでは、かならずしも受験勉強にはこだわらず、教員個々のやり方での運営に任されていた。中澤さんは、そんな僕のゼミ生の1人だった。

1年間限定の課程だからか、学生同士に限らず教員との交流の密度も濃くて、僕は学生たちとよく一緒に過ごした。中澤さんとも接触する機会が多かった。本人は憶《おぼ》えていないだろうが、彼女が僕に「私、将来先生の秘書をやりたい」と言ったことがあった。秘書なんて存在を夢想したことさえなかった僕は、その時はまともにその話を受け取ることはなかった。ちなみに、彼女が秘書という言葉を用いたのは、かつてアルバイトで議員の秘書をやったことがあったからだということが後から分かった。秘書ではないが、今コスモス村を一緒に運営していて、その時の言葉は暗示的だったなと思わないでもない。

中澤さんは、僕のモンゴルでの活動にも何度か参加したり、妻とも親しくなったりして、卒業後も縁が途絶えることなく続いていた。その彼女が、僕が富士見町へ移住した翌年に、隣接する山梨県の北杜《ほくと》市に家族で移住して来た。それは僕に合わせたわけではなくて、お連れ合いが諏訪市の出身なので、もともと実家に近い北杜市への移住を考えていたところに、偶然僕がひと足先に近くに移住したというわけだ。

そこで、研修の開講を思いついた時に、彼女に一緒にやってもらえるか打診した。子どもたち（双子の男の子）が、まだ手がかかって勤めに出ることが難しいこともあって、中澤さんは僕の声かけに快く応じてくれた。そのことによって、コスモス村の計画は実現に向かって動き始めた。ＮＰＯ法人を設立するまでの準備期間を経て、研修プログラムは２０１８年５月からスタートした。妻が亡くなったのは同年の１月末日だったから、わずか３ヶ月ほど後のことだった。アレキサンダー病という治療の手だてがまだない神経系の難病だったが、内臓系の検査では数値がほぼ正常だったので、死はずっと先のことで、僕よりもゼッタイに長生きすると信じて疑っていなかったため、僕は彼女の突然の死にただ当惑するばかりだった。

長年連れ添った妻の死という、僕にとっては大きなドラマがあった時期に、ＮＰＯ法人の立ち上げ準備から認可に至ったわけだが、あまり時間を置かずに新たな一歩を踏み出したことは、今では僕の精神の均衡を保つうえでいい方向に作用したように思う。

心許《こころもと》ないスタート

研修は２泊３日とした。週末に１泊２日でやるという案が、受講する人にとってはもっとも参加しやすいだろうが、僕の考えでは１泊だけだとあまりに短くて、思いを十分に伝えることが難しいという気持ちがあった。金曜日の午後から始めて日曜日の昼で終わるというスケジュールであれば、時間を十分に確保できるし、学び以外の交流の時間も持てると考えた。でも、金曜日に休みをとってまで参加する人がいるだろうかと、これもまた不安材料だった。しかし、自分たちがやりたいプランを示すことが先決だと考え、もし2泊3日がダメだったら、1泊2日に変更すればいいと思うようにした。さらにいうと、せっかく緑が豊かな森の中に来てもらうのに、1泊してすぐに帰ることになるのはもったいない気もしていた。森の新鮮な空気や、物音がしない静かな環境も研修の一部として味わってほしいという気持ちがあった。

受講者は最大5名と決めた。それはわが家のキャパもあるが、少人数でお互いの交流ができるだけ活発にできることを願い、講師である僕とそれぞれの受講者との交流もできやすいように、参加者は限った方がいいと考えた。僕は、一般によくある、講師が一方的に話をし、受講者はそれを必死にメモするというような形態はとりたくなかった。お互いにやり取りをしながら進行するというスタイルを保持するためにも、5人という制限は適切だと判断した。

5月から研修を始めることにしたものの、公共の交通手段もない不便な山奥までわざわざ人が来るだろうかという心許なさは絶えずつきまとった。広報するといっても、中澤さんがホームページを作成して、僕がFacebookで案内したくらいだから、半ば博打《ばくち》みたいな船出だった。そして、3日間の食事をどうするかという問題は未解決のままだった。食事作りは苦にならない方なので、僕が調理してもいいとは思っていたが、講義をしながらの食事準備は厳しいはずだ。その辺りは、参加申し込みがあった時点で対処することにした。何とも行き当たりばったりな船出だ。

4月に入ったら、日本社会福祉士会のホームページの研修案内に載せてもらうことができたおかげで、5月の申し込みが1人だけあった。計画段階では、参加希望者が1人だけの場合は研修を実施しない方向で考えていたが、たとえ1人であっても参加したいという人の意欲を汲《く》みとるべきだと考えを改め、一回目の研修を実施した。参加されたのは、岐阜県でスクールソーシャルワーカーとして活動されていたNさんという女性だった。その時は、ソーシャルワークの基礎講座だったが、3日間マンツーマンでの研修だった。Nさんは、さぞ疲れたことだろう。食事の準備は、長年スクールソーシャルワークの活動を共にしてきて、コスモス村の理事にもなってもらっている瀬川さんが駆けつけてくれたため、僕は心配なく研修に集中することができた。

一回目を何とか無事に終え、翌6月には二回目を実施することができたが、この時も1人だけの申し込みだった。滋賀県在住でスクールソーシャルワーカーをやっておられたYさんが、まだ幼い子どもさんを実家に預けて参加された。子どもさんと離れるのは初めてだということで、いくばくかの不安を抱かれながらの受講だった。二回目の調理は、若き友人あかりが埼玉県から駆けつけてくれた。

そんな風にヨチヨチ歩きのスタートだったものの、7月には愛知県と島根県から男性と女性の参加があり、8月は定員の5名になり、それからは多少の変動はあっても定員に達する機会が多くなってきた。心許なさを抱えながらのスタートだったが、4ヶ月目くらいからは研修を継続することができる見通しが持てたのは幸運なことだった。食事作りは、その後古くからの友人である中村さんに何度か来てもらったが、神奈川県の藤沢市から来てもらい続けることはできないので、子ども支援事業の関係でお手伝いをしていた地元の社会福祉協議会に、調理ボランティアをしてくれる人がいないか尋ねてみた。その結果、以前高齢者施設で調理をしていた2人の地元の女性を紹介してもらった。七回目以降は、そのお二人のボランティアの方たちが交互で研修中の食事を支度してくれるようになった。おかげで、Facebook に載せる食事の写真は好評で、参加者の皆さんに大いに喜んでもらっており、食事は研修の売りのひとつになっている。

多様な参加者とプログラム

売りといえば、温泉も売りのひとつだ。近場には温泉が多くて、車で15分圏内に5、6ヶ所の温泉がある。温泉という点では、せっかくそんな好立地条件にあるので、参加者に入浴してもらいたいと考え、初日は夕食後に研修の一環として近場の温泉に行くことにしている。さらには星空もきれいで、人工の光が一切ない少し開けたスポットが家の近くにあるので、晴れていれば温泉で身体

食事時間は親睦を深める絶好の時間

を温めたあとに星空観察というのが恒例になっている。その他にも、富士山の絶景スポットや地元産の野菜直売所を訪ねるという予定を組んでおり、研修以外での楽しみも味わってもらえればと考えてプログラムを構成している。

２０２０年からは新型コロナの影響を受けて研修を開くことができない月が増えたが、修復的対話の回の申し込みは、多い時は10人以上になることもあり、キャンセル待ちの状態が出ることもある。参加者は首都圏からが多いが、関西や九州、沖縄、北海道からの参加もあり、全国各地にわたっている。またバックグランドも、ソーシャルワーク関係者が、特に子ども領域の方たちが中心ではあるものの、市民活動をしている人や看護師、学生などと多様である。中には、大学教員や弁護士、医師の参加もある。小・中・高校の教員が非常に少ないのは残念だが、金曜日からの参加というのがネックになっているのか、それとも研修が認知されていないことによるのだろうか？

受講者の年齢層に関しては、年齢を確認していないのでよく分からない。多分、40代から50代が中心ではないかと思う。性別に関しては、厳密にいうと男女と大別していいものか躊躇《ちゅうちょ》する部分があるが、女性が圧倒的に多くて男性は2割くらいだ。職種も年齢層も、男女に限らず幅広い人たちが参加してくれるといいなと思っている。

期待していたように、自然環境のよさは多くの参加者に気に入ってもらっているようで、ソーシャルワークと修復的対話研修の二回参加された方たちが少なくないし、同じ講座を再受講された方たちも何人かいる。研修中だけではなく、食事時間や休憩時間も参加者同士の交流の密度が濃いので、研修が終わって帰途につく時は別れるのが寂しいと言って涙ぐむ人もあったりして、こちらが胸を打たれることがある。

研修プログラムを実施するうえでは、研修の内容を学ぶことが第一義ではあるが、僕は参加者相互の交流関係ができることも同じくらい重視している。一度きりの出会いを大切にする一期一会もいいが、僕は何度も会う回数を重ねることはもっとステキだと考え、〈多期多会（たごたえ）〉という造語を考え出した。コスモス村での研修を通して人がつながっていくことが願いであるし、そうなれば研修に参加したことがそれぞれの生活に彩りを加えてくれるだろうと思っている。

また、研修プログラムを実施することは、僕自身にとっても大きな意味があることに気がついた。一般的に、70歳にもなると人との出会いの機会が大きく減るだろうが、僕は毎月新しい人たちと知り合うことができる。それも年齢も背景も、住む場所もさまざまな人たちとである。おかげで、僕の人間地図が広がっていく。そのことは僕の精神を刺激し、老化を防止する作用をもたらしてくれる。研修をやっていなければ、森の中でひとり暮らしをする世捨て人みたいな存在になりかねなかった。

中澤さんとは、僕が80歳になっても研修は続けたいね、そうすればなかなか貴重な研修になるし、万が一90歳になるまで続けられたら、もうそれだけで希少価値があるなどと冗談を言い合っているが、この分だと80歳までは続けることができる見通しが立つところまできている。90歳までは僕の命が長らえられるか疑問だが、もしも生きていて受講希望者があるとすれば、続けていたいものだ。僕のことを山暮らしの仙人だと揶揄《やゆ》した人物がいたが、70代ではまだ仙人の境地に達することはできない。でも90歳になれば仙人然として研修を行うことができるかもしれない。そうなれば、ただそれだけでも存在意義があるような気がする。

もうひとつのコミュニティ

ところで、コスモス村というネーミングの理由についてまだ述べていなかった。これには僕がコスモスの花が好きだという理由もあるが、もうひとつの理由の方が大きい。それは、僕がひとりひとりの人間をひとつのコスモ（cosmo ＝宇宙）と考えていることによる。人間は60兆もの細胞によって成り立っているという。最近、37兆という新説が出されたらしいが、いずれにしても気が遠くなるほどの細胞数だ。それらの細胞が、有機的に循環的に作用しながら僕らは生命活動を続けているわけだ。考えてみると、それは不思議で奇跡に満ちた営みだ。そんなことを繰り返している僕らの身体そのものが、ひとつひとつのコスモ（宇宙）に他ならない。そうしたコスモ同士が出合う場だからコスモス（cosmos）村と名づけた次第だ。

僕が20代の頃に、若い人たちが全国各地に共同体を作って暮らすというコミューン運動があった。全体からすれば非常に小さな動きだったかもしれないが、物質文明の中で成長指向一途の社会にあって、精神性を追求する生き方には僕も惹きつけられていた。だからといって、実際にそのような共同体に身を投じることはなかったが、自分なりの共同体を作りたいという妄想というか幻想はあった。その仮想の共同体を僕はコスモス村と名づけて、共同生活のイメージを広げていた。形は当時考えていたこととずいぶん違っているが、研修の場をコスモス村と名づけたのは若かりし頃の思いを反映してのことであり、ひとつのコミュニティ作りの形だと考えている。

だから、受講した人たちは、村人として登録される。ちなみに、この村の村長はわが愛犬クリスだ。クリスはコスモたちの出会い

ベストバディーだったクリス（2022年9月没）

のいい触媒役を果たしてくれていた。一緒に研修に参加し、受講者がトイレなどで席を離れると、必ず吠えて席に戻るように促したりして、村長には適任だった。だが、悲しいことに2022年の9月に死んでしまった。僕にとってのよきパートナーであった彼の存在を消し去ってしまいたくはないので、死後も当分の間は村長職にとどまってもらうことにしている。

そのコスモス村には、村人の歌がある。これは僕が作詞したものに、シンガーソングライターでソーシャルワーカーでもあって、コスモス村の村びとでもある山本さとしさんが編詞し曲をつけてくれた作品だ。詞は多少大仰《おおぎょう》だが、村の精神を表現しているので、以下に紹介しておくこととする。ちなみに、この曲はYouTubeに山本さんの弾き語りでアップされている。

つながり合うために～コスモス村のうた

作詞 山下英三郎　作曲 山本さとし

1.
空の色が変わる
空気が変わる
時の流れが変わる

自分と出会い　あなたと出会い
そして大いなるモノと出会う

あなたの呼吸は　新たな力
わたしもことばで　あなたを活かしたい

わたしひとりの命は
わたしだけのものじゃない
見知らぬ多くの　ひとたちと
つながり合っている

2.

木々のささやきがある
静けさがある
安らぎがここにある

自分と出会い　あなたと出会い
そして大いなるモノと出会う

最初の一歩は　ささやかな動き
ちっぽけなできごと　でも大きなこと

あなたひとりの命は
あなただけのものじゃない
世界のすべての　ひとたちと
つながり合っている

コスモス村は　ここにある
あなたとわたしが　出会うため
コスモス村は　ここにある
わたしたちが世界と　つながるため

3. 修復的対話について

ヒトは本当に進化した？

僕たちが暮らす世界には、対立が満ちあふれている。平和的とか調和的という言葉はたびたび耳にするが、小は身の回りから大はグローバルな規模にわたって、平和や調和を嘲笑《ちょうしょう》するかのように、いがみ合いや差別、殺戮《さつりく》が日常化している。争うことは様々な関係や循環を断ち切るがゆえに、長期的にも短期的に見ても利益にはならないはずだが、人々はどういうわけか対立的な構造の中に身を置きたがる傾向があるものだ。

人類の進化という言葉が何の疑問もなく用いられ、時の流れが下るにつれて人類は進化したと、あたかも真実であるかのように我々の脳裏にインプットされている。だけど、本当に僕たちは古代から現代にわたって進化してきたといえるのだろうか？　僕は、その問いに決して「イエス」と言葉を返すことはできない。人によって人類の進化を判断する基準は異なるだろうから、進化していないなどという批判されるに違いないが、僕の基準によれば、進化したと認めるわけにはいかないのだ。

ヒトの存在基盤は、生命の維持である。だから、その生命をどんな理由であっても奪われることがあってはならない。対人間で起きる殺人や集団間で生起する戦争は、もっとも否定されるべきことだ。それについては、おそらくほとんどの人が異を唱えることなく賛同するはずだ。でも、現実はどうかというと、この地球上から人が人の命を奪う行為がなくなったことがあるだろうか？　おそらく、人類の長い長い軌跡の過程では、そんな時代があったのかもしれないが、僕が知る限り人を殺《あや》める行為はずっとあり続けてきた。もっともあってはいけないと等しく認識されていることが、途絶えることなくあり続けている現実を直視すると、僕にはどうしても人類が進化したようには思えないのだ。もし、進化したと言えるとしたら、この地上から殺人事件や戦争がなくなった時だと僕は思っている。

生命を奪い合うということさえなくならないのだから、そこまでに至らない争いごとは世の中に満ちあふれているのは当然のことだ。だが、当然のことだからといってそれを容認していては、人類が進化の方向に向けて足を踏み出すことはできない。僕は自分が生きているこの時代に、方向性をシフトする動きに加わりたいと思ってきた。その意識づけがなされたのは、大学生時代のことだった。

僕は、1965年から1969年までの間大学生だった。ちょうど大学紛争が激しかった頃で、大学に入学した年には学費値上げ反対運動が、拡大化するベトナム戦争反対運動と相まって大きなうねりとなり、僕が通っていた大学では100日間に及ぶ全学ストライキを経験したし、卒業の年には東大紛争があって安田講堂での学生と機動隊の攻防戦もあったので、学生時代はまさに激動の4年間だった。

政治や社会問題にさして関心を持つこともなく地方でのほほんと育った僕は、学生たちの意識の高さに驚いた。デモにはたまに参加したが、積極的に運動に身を投じようという気持ちまでにはならず、遠見で学生集会などを眺めていた。意識のギャップに怯《ひる》んでいたところもあったのだろう。そんな程度の関心しか持たなかった学生だったが、ある時、運動をしている学生たちの行動に激しく違和感を覚えるできごとがあった。

学生たちの間にはいろんな主張を掲げる活動グループがあった。僕にはグループごとの違いは分からず、どの派が武闘的だとか、この派のリーダーはアジ演説がうまいとかいったレベルの区別しかできなかった。そんな意識レベルの僕が、ある時ふたつの会派の討論の場に居合わせたことがあった。そこでは一方が他方を問い詰める形で議論が展開していたのだが、ある局面にきた時、他方が質問にうまく答えることができずに狼狽《ろうばい》した。それを見て、一方は他方を殴り、乱闘が始まった。僕は、その光景にショックを受けた。議論に答えられないからといって、殴るなんて場面にはそれまで遭遇したことがなかったからだ。そして、こうしたやり方をしていては、学生運動はどこかで破綻するんじゃないかと直感的に思った。

ちょうどその頃、アメリカでは黒人の公民権運動が盛り上がりを見せ始めていた。僕は英語サークルで英字新聞を用いて時事問題を読み合ったり、FEN（Far East Network）のニュース番組の聞き取りをしたりしていたので、公民権運動に関するニュースに触れる機会があった。その中でマーティン・ルーサー・キング・ジュニア牧師が先導していた非暴力不服従運動のことを知り、それこそが我々が進むべき道だと思っていた。それ以来、ずっとキング牧師は僕のヒーローとなった。余談になるが、後年アトランタにある彼の生家や、彼が子ども時代に通った教会をわざわざ訪ねたりもしたほどだ。しかしだからといって僕の行動が変わることはなく、当時揶揄的に言われていたノンポリ学生のままだった。

学生運動は、僕の中では１９７１年12月から翌72年1月までの２ヶ月の間に〝総括〟を迫られた挙げ句、12人もの仲間が殺害された連合赤軍の集団リンチ殺人事件によってひとつの終焉を迎えたように思われた。僕のかつての直感が裏づけられた形になってしまった気がした。気持ちとしては、一線も二線も画していた運動のあり方だったが、それでも僕の挫折感は大きかった。やり方には違和感を抱いていたとはいえ、学生運動が世の中に対して、そして僕自身にも問いかけた課題には大きな意味があると思っていたからだ。

修復的アプローチとの出合い

大学を卒業してからは迷走が始まり、自分の内面の葛藤に振り回される感じで仕事をめまぐるしく変え、生きることに苦闘していたため、非暴力主義に対する傾倒は影が薄くなった感があったが、スクールソーシャルワーカーを志す頃から、自分の中でそれがふたたび勢いを取り戻してきた。1970年代の後半頃から激増し始めた暴力行動に走る中学生たちを支える活動を実践するうえで、僕にとっては非暴力的な考えをベースにすることは自明のことだった。その時点では、子どもたちに暴力的な行動を抑制するように働きかけるというよりは、学校という環境に向き合う、自分のスタンスの取り方についての方に比重がかかっていた。子どもたちを擁護するといっても、対立的なやり方では多勢に無勢で容易に潰されてしまう。支える活動を継続するには、僕は生き残らなくてはならなかった。だから、正面から立ち向かうという姿勢は取らず、穏便な姿勢を貫くことを決めたのだった。

当時、僕はゼッタイに学校関係者とはケンカをしないと自分に言い聞かせていた。活動の過程では、教師にずいぶんひどい言葉を投げかけられたことも何度かあったが、口論はしなかった。争えば、非常勤職員の身である僕は簡単に契約を打ち切られただろう。そうなったら、誰が子どもたちの側に立って支援をするのだ、という気概があった。ただ、ここでつけ加えておかなくてはならないが、僕はあたかも学校を敵視して戦地に乗り込むかのような書き方をしているが、決してそうではなくて、中には僕のことを理解してくれた学校関係者もいて、そういった人たちとは、比較的良好な関係を保ち活動をしていた。そうでなければ、何の人脈も持たずに、10年以上もひとつの自治体で活動を続けることはできなかったはずだ。まぁ、僕が身を固くしていた面があるのは、当時の厳格な生徒指導のあり方に強い抵抗感を抱いていたところが少なからずあったことにもよる。

教育現場でのスクールソーシャルワーク活動と同時に、地域で居場所活動をしていたのだが、そのこともこれから述べる修復的対話につながるという点で重要なので、ここで少し触れておくことにする。来る者を制限せずに誰でも受け入れる、そして人を排除しないという考えをベースにして居場所を運営したので、子どもから青年・大人たちまでさまざまな人たちが参加した。多様であるということは、トラブルも生じやすいということだ。トラブルの種類もさまざまで、かならずしも同年齢者間だけではなく、同性間だけでもなく、さらに障がいがある者同士やある者とない者との間で起きることもあった。スタッフはトラブルがある度に、対立する双方に丁寧に向き合った。そうすることによって、大抵の問題は何とか落着した。丁寧に向き合うということは、粘り強く対話を重ねることを意味し、そのことの重要さはトラブルに遭遇するたびに痛感した。

居場所でそうした対応を続けていたのより少し前の1986年に、東京都中野区の中学校でいじめ自死事件があった。それをきっかけにして、いじめ問題が社会的に大きくクローズアップされ論議されるようになった。ちょうど僕がスクールソーシャルワーカーとして活動を始めた頃と重なったので、僕もいじめ問題に関して発言するようになった。当時は（今もそうだが）、いじめの加害者を厳罰に処すべきという論調が圧倒的主流だった。だが僕は、加害行為に至った子どもは、自らが抱える怒りや欲求不満などのはけ口として他の子どもを攻撃するという形で感情表現をしているのだから、単に厳格な処分をしても解決にはならないし、下手をすると厳しい処分をされたことによる抑圧によって、さらなる攻撃的行動につながりかねないと思っていた。だから被害を受けた子どもへの手厚いケアはもちろんのことだが、加害者のケアも考慮した対応にしない限り状況を改善することはできないと論じていた。

しかし、そのような論調はあまり受けがよくなくて、いじめに限らず社会全般の他罰的風潮の流れの中では受け入れられ難かった。中野区での事件以降も、いじめ問題への関心は向けられていたが、それでもそのボルテージは少しずつ下がっていった。ところが、１９９４年に愛知県西尾市で深刻ないじめ自死事件が発生し、論議がふたたび活発になり、相変わらず厳罰的な対応の必要性が叫ばれた。この頃も、僕は、子どもたちが置かれているストレスに満ちた教育環境が遠因になっているのだから、加害者のケアも視野に入れた対応をするべきだと主張していた。そう主張しながらも、僕は自分の発言が空疎に感じられるようになってきていた。いじめに対する具体的な対処手段も示すことができないまま、自分が外部から無責任に遠吠《とおぼ》えしているだけに思えたのだ。それは後ろめたいことでもあったので、しばらくはいじめ論議に加わることは控えることにした。

そういう心境でいた頃、NHKのBSで放映された『少年が被害者と向き合うとき』という番組を観た。1999年のことだった。その番組の中では犯罪の被害者と加害者、そしてそれぞれの関係者が一堂に会して、対話を通じて事態の改善を図るアプローチがとられていた。アメリカでも新しい試みだということだったが、僕はその修復的という（番組の中では被害回復のための正義とされていた）アプローチに強く関心を惹きつけられた。いじめ問題に対する自分自身の曖昧さを打開するキーが修復的なアプローチにあると直感した。そして、居場所でのトラブル時の話し合いに、当事者同士の対話が加味されれば、さらに予後がいいのではないかとも思った。

とはいうものの、修復的なアプローチに関する情報をどうやって手に入れればいいか、皆目見当がつかなかった。文献を探しても見つけ出すことができず、手つかずのままの状態がしばらく続いたあと、2003年にハワード・ゼアの『修復的司法とは何か』（新泉社）という翻訳本が出版され、刑事司法分野での導入を目指して研究する人たちがいることを知った。本を読んで知識を得ることができたのは大きな励みになったものの、僕のフィールドは司法分野ではなくて児童領域である。だから、ポイントが完全に絞りきれていないというもどかしい感覚があり、何とか目的の資料に行き当たりたいと思ったが、なかなか情報を収集することはできなかった。

すべり込みセーフのサバティカル

大学に勤めていると、サバティカルという長期研究のための休暇制度がある。一定の期間勤めるとその休暇制度を利用する権利が生じるので、それを行使して直接アメリカに行って調査することにした。休暇の期間は6ヶ月あったため、それだけの時間をかければ、ある程度の資料を収集できるし、視察もできるだろうと考えた。

2007年4月から9月までの予定で、かつて学んだユタ大学のソーシャルワーク大学院をベースにして、研究調査活動に入った。僕はそれまで、研究者としての自己認識が欠如していて、ソーシャルワーカーという意識でずっと大学教員をやっていたが、この時ばかりは研究生活にどっぷりと浸かった。とはいえ、研究はまったくスムーズに運ばなかった。顔を合わせる人たちに、手当たり次第に学校での修復的アプローチについて訊いても、教育現場での修復的アプローチの実践に関しては誰も知らなかった。だから、ひたすらネットを通じて文献の収集に時間を費やした。

7月にはテキサス州の小さな大学で、全米で初の修復的司法の集いがあることを知ったので、そこへ行けば何らかの手がかりを得ることができるだろうと考え、5日間の大会に参加申し込みをした。辺鄙《へんぴ》な場所であるにもかかわらず、800人以上の参加者があり、修復的司法にかかわる錚々《そうそう》たる人物たちがスピーカーとして登壇した。それほど多くの人間が集っているのだから、有益な情報を得ることができるはずだと期待した。しかし、それも空振りだった。言葉を交わす人ごとに、教育現場で修復的アプローチを実践しているところを知らないかと聞いてみても、「ああ、それはとても大事なことだよね。でも私は知らないなぁ」というような返事が返ってくるばかりだった。大会への参加は知識の蓄積がほとんどなかった僕にはとても有意義ではあったが、他方では肝心の情報にたどり着けなかったという落胆もあった。

テキサスから戻ってからも、ひたすら文献調査に没頭せざるを得なかったので、次第に焦りを覚えるようになってきた。このままの状態で帰国することになったとしたら、僕は何のためにアメリカまで来たのだろうと自問する日々が始まった。帰国がひと月半くらいに迫った頃、渡米したら会いたいと思っていたスクールソーシャルワークの国際関係のコーディネーターをやっているマリオン・ハックスタブルを訪ねることにした。彼女はシアトルから車で4時間ほどかかるオリンピック半島の小さな街に夫君のランディと2人で暮らしていた。１９９０年代の終わり頃からの知り合いだからけっこう長いつき合いであり、来日した時にわが家に泊まったことがあるし、彼女が以前住んでいたアリゾナ州の自宅を訪ねたこともあって、この時も僕と妻の訪問を心待ちにしてくれていた。

数日間の滞在中に、僕は彼女に修復的アプローチのことについては話をしなかった。テキサスで修復的司法の関係者に散々尋ねて回っても思わしい情報が得られなかったのだから、彼女がそのことを知っているとは考えなかったのだ。しかし、帰る間際にダメもとで、修復的アプローチを取り入れているスクールソーシャルワーカーのことを聞いたことがあるか尋ねてみた。すると、彼女はしばらく思いを巡らせて、「う〜ん、一度だけ何かに書いてあった気がするわ。ちょっと待ってね、調べてみる」と言って書斎に入っていった。そして、しばらくすると「記事が見つかった」と言って戻ってきた。

彼女は、それからすぐに記事を書いた人物を探し当て、さらに当人に連絡を入れてくれた。日本から修復的アプローチの調査に来ている友人がいるのだけど、直接話をしてもらえるだろうか、と訊いたところ、相手は快く連絡を待っていると答えてくれた。ユタに戻ってから相手に電話をしたところ、ウィスコンシン州のオシュコシュという小さな町のスクールソーシャルワーカーをしていて、修復的なアプローチを積極的に取り入れているという話だった。僕は、やっとの思いで目標にたどり着いたと胸をなで下ろした。

この機会を逃してはなるものかと考え、オシュコシュというところが、たとえどんなところだったとしても、ワンダというその女性に会いに行く気になって、視察を申し込んだ。彼女は、僕の求めを快く承諾してくれた。そして、泊まるところはどうするのかと訊くので、オシュコシュにホテルをとるつもりだと答えた。するとワンダは「だったら、私の家に泊まればいい」と言った。僕は、思いもしていなかった申し出に困惑して、すぐには返事ができなかった。見も知らない人物のところだ。しかも、何かと物騒なアメリカだ。これは安易に話に乗っていいものだろうかと電話口で逡巡《しゅんじゅん》した。だが他方では、泊めてもらえるとすれば、彼女の仕事の様子を見せてもらうだけではなく、いろんな話を聴く時間が増えるので、願ってもないような話にも思えていた。そして僕は思い切って、彼女の家に泊めてもらうことを決めた。

ワンダのところを訪ねたのは、帰国期限の2週間ほど前になってのことだった。厚かましくも3泊させてもらい、その間ずっと彼女につきっきりで話を聞いたり、取り組みの様子を見させてもらったりするだけではなく、オシュコシュ市内のいくつかの学校で取り組みの現場を案内してもらったりもした。まさにすべり込みセーフという感じでサバティカルの目的を達成することができたのだった。

無謀（？）にも宿泊させてくれたワンダと

修復的司法から修復的対話へ

目的を達成したとはいっても、研究はやっとスタートラインに立てたばかりというわけだったが、その後情報も徐々に収集できるようになったので、文部科学省の科学研究費の助成金を得てさらに研究を深めたいと考え申請をしたところ、それが認められたので、何人かの研究者に声をかけてチームを組織し、２００８年度から２０１０年度までの３年間にわたってアメリカを始めカナダ、イギリス、オーストラリア、ニュージーランドに分かれて修復的アプローチの現況を視察した。僕はオーストラリアとニュージーランドへ行ったのだが、この研究によって具体的なイメージが大幅に広がった。イメージが広がっただけではなく、教育現場用の動画を作成したり、啓発のための冊子を作ったりと具体的な資料作りもした。

また、２０１４年にはスクールソーシャルワークの仲間２人と、アメリカでも特に修復的なアプローチが盛んなミネソタ州を訪問し、小学校からハイスクールまでいくつかの学校を訪ね、学校内における取り組みを視察した。そんな取り組みを続けているうちに、日本での展開をどうするかというおぼろ気なイメージも湧いてきて、具体的な活動への展開へと舵をきった。

その後の展開に関する話は別の機会に譲るとして、今ようやく修復的なアプローチに対する関心が少し広がってきたという感触がある。僕は、この修復的アプローチを修復的対話と称しているのだが、最初はどのような言葉を用いればいいのか迷った。英語では restorative justice と言い、justice には司法という意味があるから、司法現場で適用される場合は修復的司法という訳語は適切だと思うのだが、教育現場においては司法という語は馴染まないので使わない方がいいと考えた。英語では、学校現場における取り組みは restorative practices と称されるが、それを直訳して修復的実践と称するのも何だか堅苦しい感じがして、僕は使いたいとは思えなかった。そこで、僕は対話を通して関係の修復を図るアプローチだから、修復的対話とした方がしっくりする気がして、その言葉を使い続けてきた。他にも、修復的正義と言われたりもするが、修復的対話という言葉がだいぶん共通言語になってきた感じがする。

いじめ論議に関する自分自身への問いかけから出合った修復的アプローチだが、近年さまざまな対話に関するプログラムが展開されている。それらのプログラムと修復的対話の差異や共通性などを子細に分析しているわけではないが、基本的には関係断絶ではなく、関係の構築や再構築という方向を目指したアプローチだと思うので、どれが一番いいとかよくないとか評価する必要はなく、実践する人の関心や状況に適していると考えるアプローチを用いればいいと考えている。僕自身は、いじめ防止対策推進法（2013年9月施行）ができても具体策を欠いたままの状態で増加に歯止めがかからないいじめ問題には、修復的対話の理念と方法は適合すると思うので、学校現場で取り入れられてほしいと願いつつ模索を続けているところだ。

4. みんなつながり合っている

宇宙の均衡を取り戻す

修復的対話は、中立的な存在であるファシリテーターの進行によって、対立する当事者とそれぞれの関係者が対話によってトラブルを解決するというアプローチだ。ここで〈解決〉という言葉を用いたが、実際にはお互いが納得できる合意点に到達することとした方がいい。多くの人がこの〈修復的〉という言葉には馴染《なじ》みがないため、新しいアプローチだと考えられがちだ。だが、実はそのルーツは古く、世界各地の先住民たちがトラブル解決の手段として用いていた方法だ。考え方や方法は近代に至るまで各地に残ってはいたが、近代化とともに影が薄くなっていた。それが現代において再発見というか再評価されたというものだ。

先住民のトラブル解決アプローチには、世界各地で共通の価値観と方法が見られ、まるで古代世界にグローバルスタンダードとして存在していたかのようだ。交通手段も通信手段もない時代に、遠く離れた人々が共通の考えと方法を有していたということは驚きだ。共通の考え方とは、人はみんなつながり合っており、それぞれが固有の価値を有しているという考え方だ。人間尊重の精神である。それを象徴的に表すのが、ニュージーランドの先住民であるマオリ族の間の言い伝えだ。そこでは、「どんなに悪いことをした人であっても、話し合いの場では1人の人間として尊重される」といわれており、まさに修復的アプローチを体現する象徴的な考え方だ。こうした平和的で包摂的な方法が、先住民コミュニティにおいて広く見られたのは興味深いことだ。

次のネイティブアメリカンの言葉は、人の価値とそれを尊重する精神がよく表れている。

雪のひとひら　砂1粒も　ふたつと同じものはない
わかってほしい　あなたという存在もたったひとつ
宇宙は無限の可能性の中から　あなたをこの世に選び出した

こうした捉え方は、宇宙という広大な世界と人々との関係性が基軸にあって生み出されたものであり、これまで未開とラベリングされてきた先住民の精神世界のスケールの大きさを感じさせられるものだ。「宇宙はすべてがつながり合っていて、それらのバランスがとれていることが重要である。人と人のトラブルは、宇宙の均衡を乱すことになるため、それは適正な状態に戻されなくてはならない」というのが修復的なアプローチの基本原理であって、単に人間関係の不和を正すための表層的なスキルではないのだ。

例えば、ハワイの先住民の間で行われていた対話はホ・オポノポノといわれるが、これは物ごとを適正にするという意味であり、人間関係におけるトラブルを適正な状態に戻すために対話をする方法として用いられていた。この対話を行う前に、ファシリテーター役の人物は神に祈りの言葉を捧げる。彼・彼女は、「私たちはAとBが争いごとをしたことによって宇宙の輪を乱してしまいました。これからお互いに話し合うことによって、乱された輪を修復したいと思います。どうぞ力をお貸しください」といったように祈ったという。この話し合いに入る前の祈りは、いろんな形に姿を変えて、我々が行っているRJサークルではオープニングの儀式として構造化されている。

修復的対話のルーツ

ひとりひとりのつながり合いを前提とするコミュニティでは、人を排除するという考え方がないのは至極分かりやすいと思うが、同時に日々の暮らしの中では命をつないでいくための術《すべ》として現実的な側面もあった。例えば、ネイティブアメリカンは食糧としてバッファローを利用していた。そのバッファローを狩猟し食糧とするためには、コミュニティの人々の協力が不可欠だった。何しろバッファローは巨大で力が恐ろしく強い。それを1人や、家族などの小単位で仕留めることは不可能だといっていい。多数の力を合わせることが不可欠である。他方、稲作などの場合も同様だ。田植えや刈り入れなどは、短期間に集中して行わなければならない。だから集落の人々の互助が不可欠である。

そういったライフスタイルを常態とする社会においては、人々の間で何らかのトラブルが発生した時に、問題を起こした人物をコミュニティから排除してしまうと、バッファローを狩ることも、作物の収穫もできなくなってしまう。そうなると、食糧を確保することができないがゆえに、集団自体の生存が脅かされてしまう。だから、コミュニティの維持のためにはトラブルを起こした人物を排除をしないで、内部にとどまることができる方法を探るということはきわめて合理的な判断だったといえる。狩猟民族であれ、農耕民族であれ、こうした共通の事情が包摂的な対応法を生んだのだろう。

ちなみに、村八分という言葉があるが、これは不都合を生じさせた人物をコミュニティから排除してしまうのではなくて、葬祭・火事の際など2割程度に限ってつき合いを認め、8割方は排除するという決まりごとだったといわれている。そうしたやり方は、江戸時代以降に村落共同体で行われた慣行だったようだが、もともとは、より古代の修復的なやり方が封建的な社会体制の確立とともに厳格化していったのではないかと考えるのは的が外れているだろうか?

北米先住民やハワイ、ニュージーランドのマオリ族の修復的な考え方と方法は比較的知られているが、人類の祖先が共通の世界観というか宇宙観を有していたことを考えると、世界中に同様のアプローチがあったことは疑いがない。日本でもアイヌの人々や沖縄の人々の間に限らず、比較的近い時代まで残っていたのではないかと思っている。実際に、宮本常一の『忘れられた日本人』（岩波文庫）という本には、第二次世界大戦後の対馬での島民に対する聞き取り調査についての記述があるが、氏が訪ねた集落の寄り合いにおける話し合いの様子は、組長や長老などの主導というスタイルではなく、お互いの関係は平等で、まさに修復的なアプローチと重なる平和的で非排他的なプロセスである。また、江戸から明治時代の名主や総代などに関する話においても、僕らが一般的に想像する一定の権力を付与された存在とは異なり、特定の権限を有することのない、ファシリテーターとしての存在だったことが述べられ、修復的なアプローチに通じる営みが近年まで保たれていたことが伺える。さらに、松村圭一郎による『くらしのアナキズム』（ミシマ社）の中にもエチオピアの人々の間で共通する話が出てきて、ケンカや仲違いなどのトラブルが生じると信頼のおける年長者を呼んで話し合いをするのだが、その話し合いは白黒の決着をつける場ではなくて、和解の場だという。年長者が裁定を下すのではなく、双方が納得のいく妥協点を探るやり方であり、非排他的な対話プロセスはグローバルスタンダードという表現が、あながち偽りではないことが証明された感じだ。

僕自身は、縄文時代の人々も同じアプローチをしていたと考えている。残念ながら文字としての記録が残っていないので、証明することはできないが、1万年以上といわれる歴史の中で、発掘によって生活の様子が次第に明らかにされてきている。その中でも僕がもっとも興味を惹《ひ》かれるのが、ひとつひとつの集落の存続時間の長さだ。例えば、僕が今住んでいる八ヶ岳山麓は縄文時代中期に栄えた地域だといわれている。その中のひとつの遺跡が住んでいるところから車で10分ほどの場所にあるのだが、井戸尻遺跡というそれは、紀元前8000年から2300年代の生活の痕跡が発掘された場所だ。起伏に富んだ、それほど広いスペースがあるわけではない土地に6000年近くも生活が営まれていたのだ。

人々が生活をしていれば軋轢《あつれき》や小競り合いなどもあっただろう。そんな時に、対処の仕方が悪ければコミュニティを維持することはできず、崩壊してしまっただろう。数千年の長きにわたって集落を維持してきたことを考えると、人々はトラブルが生じた時の対処術に長けていたはずというのが僕の仮説だ。そうでなければ、広くもない土地で気が遠くなるほどの長期間にわたって暮らしを営むことはできなかっただろう。江戸時代は比較的安定した時代だったといわれるが、たかだか265年間に過ぎなかったことを考えると、縄文時代の人々の精神性の高さを感じないではいられない。ちなみに、縄文人の遺骨を調査してみると、戦によって傷つけられた傷跡はほぼ認められないということだ。

人間の本質はどちらだろう？

ここまで先人たちの叡智《えいち》を褒め立てたが、ことはそうシンプルではなくて、修復的なアプローチのルーツはもっと別のところにあるのではないかとも思うようになっている僕がいる。というのも、動物の中にも対立を仲裁しようという行動があることを知っているからだ。以前、NHKでボノボというチンパンジーの亜種（ピグミーチンパンジーとも呼ばれる）のカンジを特集したスペシャル番組が放映された（『カンジとパンバニーシャ　天才ザルが見せた驚異の記録』２０００年2月13日放送）。このカンジは人の言葉をかなりの程度理解し、ライターで火を点けて焚き火をすることもできるという特異な能力を持っていて、その特異さを番組ではいろんな角度から紹介していた。その中で、研究者のスー博士がカンジの妹のパンバニーシャに叩《たた》かれ、それに対して博士がパンバニーシャを捕まえて叱ろうとしたところ、カンジが両者の間に入って、博士を制止しようとする場面があって、僕は感動したことを覚えている。当時は修復的対話と結びつけて考えることはできず、このエピソードはカンジという天才ボノボの固有の行動だと思い、記憶からはだいぶん薄れていた。

ところが、こうした行動は能力が高い類人猿に限った話ではなくて、多くの動物の間に認められる行動だということを後年知り、修復的な行動が先住民社会由来だという話を修正しなくてはならないと思い始めている。ちなみに、YouTubeで「動物・仲裁」と入力して検索をすると、動物間、あるいは動物と人との間で動物が仲裁行動を示す動画がいくつもアップされている。例えば、猫のケンカに犬が割って入ったり、動物園でライオンが飼育員に襲いかかった時に、他のライオンが間に入って攻撃したライオンを追い払ったりという動画まである。こうした行動を見ると、われわれ生き物の本質には生命の継続という命題があるので、それを基盤にして調和を指向し、トラブルを平和的に回避する本性を共通に持っているのではないかと思ったりする。

しかし、これもまた単純に、そう思い込んでしまうわけにはいかず、なかなか複雑な現象が立ち現れてくるものだ。僕はある時、日本統治時代に台湾で起きた霧社《むしゃ》事件に関心を抱いて、それに関する本を読んだ。霧社事件とは、侵略者である日本人の横暴さに抵抗して立ち上がった先住民たちが日本人134人を殺害し、それに対して日本軍が報復のために住民を虐殺したという1930年代に起きた事件だが、資料を読んでいるうちに先住民社会で首狩りが広く行われていたことを知った。先住民社会は、調和的で平和的に営まれているという思い込みが僕の中にしっかりできあがっていたがゆえに、首狩りの事実を知った時はショックだった。さらにショックだったのは、それが台湾の先住民の間でだけ行われていたわけではなくて、世界各地で広く行われていたということだ。山田仁史による『首狩りの宗教民族学』（筑摩書房）という書籍には、これでもかというほどに首狩りの事例が示されていて、読んでいて僕はもう何度も目眩《めまい》がしそうになった。

首狩りなんていうと、戦闘との関わりで生じるように思われるかもしれないが、態様は実にさまざまで豊かな（？）世界なのだということも知った。作物の豊穣《ほうじょう》を祈るための儀式に用いるためであったり、男性の勇敢さを示すためであったり、呪術のためであったりと、とにかく一律に説明ができないほどのバリエーションがある。

それって、修復的な価値観からすると真っ向から反する行為だ。人間の本性は一体どちらにあるのだろう。あるいはもともと両面を有するものなのだろうかと、僕は混乱した。首狩りのそもそもの起源まではたどり着くことができなかったが、どうやら社会の中で近代化が進展する過程で生じた行動らしいという分析にたどり着き、やっと少し安堵《あんど》したのだが、それにしても人類は荒っぽい行動をとるものだ。

話が少し本筋から逸《そ》れてしまった。

驚きの講義から

修復的なアプローチの起源を辿っていくと、なかなか闇は深そうだが、探求する価値はある。これからも、宇宙の均衡を保つための方法としての修復的アプローチのルーツ探しは続けていきたいと思う。とにもかくにも、古い歴史がある修復的なアプローチだが、現代において新たな方法として再評価されるようになったきっかけは、1974年と明確に時が確定している。それは、カナダのキッチナーという町で起きた2人の少年による22件に及ぶ器物損壊事件がきっかけだ。この事件を担当したヤンツィという保護観察官は、ひと晩に22件にも及ぶ器物損壊をやらかした少年たちを、単に機械的に処罰するのではなく、被害者ひとりひとりに謝罪させるという方法をとった。その結果、被害者たちの不安と恐怖が軽減され、同時に少年たちも二度と同じような過ちを繰り返さなかったということによって、修復的なアプローチが注目され、まずは隣国のアメリカに伝わり、その後世界各地に展開していった。

エルミラ事件といわれるこのできごとは、修復的アプローチを学ぶ者にはよく知られている。だが、その後のエピソードはほとんど知られていないだろう。そのエピソードとは、少年の1人が後年、自分を担当したヤンツィ保護観察官と共に修復的アプローチの啓発活動の運動家になったという話だ。この少年は長じてから1冊の手記を出版しているのだが、それによると彼は、一家の働き手であった父親の死、その後の母親の死を経験してかなり苦労しながら暮らしていたが、それでも大学に進学して学びを始めた。ある時、授業にゲストスピーカーが来て、修復的アプローチについて講義をしたことがあって、講師がその起源について語り、キッチナーでの少年2人による器物損壊事件がそれだと説明されたというのだ。かつての少年は身震いするほど驚嘆《きょうたん》してしまったという。授業が終わったあとに講師のところへ行き、実は自分がその少年の1人だと名乗り出たことがきっかけとなって、啓発活動に参加するようになったということだ。何だか希望を感じることができる話だ。

カナダのエピソードはそれとして、修復的アプローチをもう少し広義に捉えるならば、起源は別のところにも求めることができると思う。というのは、ネイティブアメリカンの間では、ずっと似たようなことが行われてきていたからだ。例えば、ネイティブアメリカンでもっとも人口が多いナバホ族は自治政府を有しているのだが、その中にピースメーキング・コート（peacemaking court：平和実現のための法廷）というシステムがあり、住民がさまざまな案件を持ち込み、それを長老が調停するという方式をとっているという。これは、近年広がりつつあるＡＤＲ（Alternative Dispute Resolution：裁判外紛争解決手続き）という方法にも通じるやり方だと思うが、まさに修復的な方法だといえる。

また、北米だけに限定されるものではなく、すでに言及したように南半球においても修復的なアプローチがマオリ族の間でとられていたわけであるが、これはニュージーランドで１９８９年に制定された「児童及び家族法」の中に取り入れられ、ファミリーグループ・

元少年ラス・ケリーの手記

カンファレンス（ＦＧＣ：Family Group Conference）と称され、世界各地に広がりつつあって、修復的アプローチの現代におけるもうひとつのルーツだといえる。ニュージーランドは、人口４４０万人のうち約15パーセントに過ぎない先住民であるマオリ族が、刑務所や少年院の収容者数の大多数を占めるという現実を直視して、欧米流の処遇法が彼らには適さないのではないかという判断から、もともとマオリ族が行ってきた修復的なアプローチを法律に組み込んだとされている。

夢を追い続ける

その他、アフリカでもウブントゥという同じような考え方がある。それは、南アフリカのアパルトヘイト廃止（１９９１年）後の１９９４年に立ち上げられた真実和解委員会（ＴＲＣ：Truth & Reconciliation Commission）のベースとなる考え方であり、人種隔離政策時に行われた数々の人権侵害について侵害者と被害者が公開の席で対話し、侵害行為を認めた場合は訴追を免れることができる方法で、南アフリカ各地で実施された。己の侵害行為を認めれば訴追を免れることができたため、そのことを期待して行為を認める者もいたがゆえに、やり方には批判もあったが、アパルトヘイト後には、抑圧された黒人層からの旧支配者層に対する報復行為の激化が懸念されたにもかかわらず、ＴＲＣゆえに、大規模な報復行動が防止された。アパルトヘイト廃止に先導的な役割を果たしたマンデラ大統領とツツ大司教がノーベル平和賞を受賞したのはよく知られていることだ。

同じアフリカのルワンダで１９９４年に起きた大量虐殺事件では、わずか１００日間の間に１００万人以上の人々が殺されたとされる。８００万人弱の全人口の12パーセントを超える被害者の数である。これはツチ族とフツ族という民族間で実行されたジェノサイドであるが、国民全体が被った傷の深さは想像を絶する。この国がどのような形で傷からの回復の途《と》を辿るのか暗澹《あんたん》とした気持ちでいたのだが、今日ルワンダはアフリカでもっとも経済成長率が高い国だといわれるまでになっている。〈ルワンダの奇跡〉と称される復興には、民族宥和《みんぞくゆうわ》政策や、海外からの投資を積極的に受け入れるなどの政策が功を奏したといわれるが、地域レベルで対立していた民族同士の対話や共同作業などの修復的なアプローチが展開されたことが大きな影響を及ぼしたといえる。身内を殺されたり、殺したりした人々の間にあるわだかまりがすべて解消したわけではないだろうが、国家規模の外傷体験を軽減するに至ったプロセスには注目される価値がある。

以上のように、古く、かつ広範な基盤を有する修復的アプローチであるが、今日のように対立的で他罰的な社会においては、南アフリカやルワンダのような成功体験があったとしても、対話によって結論を導き出すというやり方は時間を要するため受けがよくないように思う。しかし、対立と他罰の行く先は差別や排除につながり、結果的には人々の生きづらさにつながることには疑いがない。このネガティブな連鎖を断ち切って、どうやって建設的で包摂的な方向へシフトチェンジしていくのかは、僕たちの周辺から世界規模にわたるまで大きなテーマだ。それを考えると、あまりの壁の厚さに圧倒されて呆然《ぼうぜん》と立ち尽くしてしまう。

それでも、非排他的で包含的な行動が人々それぞれの生存リスクを低減させるという事実を直視し、そうした知見の共有の輪を広げていくことしか、壁の厚さを打ち砕くことはできないように思われる。修復的な試みは、世界的なレベルでは今はまだ顕微鏡を用いなければ見えないほど微小なバクテリアの動き（過小評価し過ぎかな？）のようなものかもしれない。それでも続けていれば、共感の波動が広がり、糸口が見えてくることだってあるだろう。そうすれば、人類がこれまでに解決することができなかった究極の対立（戦争・殺人）を解消し、進化したと言える社会状況を作ろうとする動きに連なることができる。

ジョン・レノンは、人々が平和や自由に生きることを願って歌った。そして「あなたは、僕を夢想しているだけの人間だと言うかもしれない。でも僕だけがそうなんじゃない」と言った。僕は、彼が歌った世界を夢に過ぎないとは思わない。僕に残された人生の時間は多くはないが、僕も人々が平和的に共存する世界を夢見て、それを追い続けていこうと思う。

パートII
曲がり道

人々は苦慮して泣き笑い
何をしてよいのか わらないまま右往左往する
それでもなお ただ一途に人間の叡智を信じ
何かを為すことによって
矛盾を解決できるだろうと期待する

福岡正信 『わら一本の革命』

1. マップラバーとマップヘイター

カメラマンを目指す

僕は計画性のない人間らしい。〝らしい〟と書くのは、自分自身ではそうでもないと思っているところがあるからだ。何ごとにつけても、物ごとを始める時には自分なりにいろいろ考えるし、迷ったり尻込みしたりもしているから、計画性がないと決めつけられることにはいささか不満がある。と、自分では思いつつも、これまでの生き方を努めて冷静に振り返ってみると、他方では、計画性がないと言われることもやむを得ないと認めざるをえないところもある。

何しろ、職業遍歴が半端ない。転職を繰り返した人の話は珍しくはないし、転職した職種の数からいえば、僕は突出しているわけではないとも思う。しかし、職種間の脈絡のなさは、けっこうなものだと思う。大学を卒業してから商社の営業マンになったが、半年で退職した。営業という職種をこなすには、僕はあまりにも能力が欠如していたので、自分のためにも会社のためにもできるだけ早く辞めた方がいいと考えたのだった。退職後に何をするかという明確なプランはなかった。ただただ、辞めることだけが最優先事項という退職の仕方だった。

しかし、周囲に対しては退職する理由を説明する必要があったので、僕はもっともらしい口実をいろいろ考えた。そして、写真をやりたいという理由を見つけた。写真というのはカメラマンのことだ。それまでカメラを趣味としてやっていたわけではない。当時は、写真は金銭的に余裕がある人がやるもので、20代前半の若者にはハードルが高い領域だった。それにもかかわらず写真をやりたいと考えたのは、写真で自分が訴えたいことを表現できるのではないかという甘い幻想があったからだ。

会社を辞めたあと、昼間は写真関係の工房に勤め、夜は写真の専門学校に通った。神田にあったその工房は、報道写真では由緒があるところだったが、何の知識も技術もない者が撮影など任せられるはずがなく、暗室作業やカメラマンの助手をやるだけだった。それでも半年も勤めていると、専門学校で教わることより工房で学ぶことの方が多かったため、専門学校を辞めて〝もっともらしい口実〟にしていたことを実現するための取材旅行に出ることにした。取材先はサイパン島だった。訴えたかったことは、戦後派世代における第二次世界大戦の意味を問いかけることであり、当時のサイパン島は僕の思いを表現するには格好の対象地だと思ったのだった。

なぜならば、当時のサイパン島にはまだ戦争当時の残骸が島のあちらこちらに残っていたからだ。

それに加えて、サイパン島の近くにあるテニアン島には、Ｂ29が原爆を搭載して広島と長崎に向けて飛び立った飛行場があったということもある。僕は原爆投下の半年後に、長崎市で生まれた。生家は爆心地から４キロメートル以上離れていたのだが、原爆のことを何も知らなかった身重の母親は、投下の翌日に知人を探しに爆心地へ出かけたのだった。結果的に、僕は母親の胎内で残留放射能を被曝《ひばく》し、胎内被爆児として生まれた。だから、僕は自分の出自に大きな影響を与えたテニアン島の原爆格納庫の前に立ちたいという願いがあった。自分が知らない戦争の影響と、２つの島の現在を対比して写真で表現しようと思ったわけだ。

ひと月半ほど現地に滞在して撮った作品によって、念願であった銀座のニコンサロンで写真展を開くことができた。ニコンサロンという会場で写真展を開くということはとても敷居が高くて、普段はわが国のトップクラスの作家たちが個展を開いていて、その合間に無名の者たちが審査を経て作品を展示できるというところだった。会場費も案内の挨拶状も、サロン側が負担してくれるという恵まれた条件だった。新人の登竜門という位置づけだったから、写真展が決まった時は有頂天になった。その有頂天状態はしばらく続き、僕は自分に才能があるかのように錯覚《さっかく》した。力量もないのに、その後フリー宣言をしたが、仕事の依頼はこなかった。営業が苦手なのだから、仕事が入ってくるはずがなかった。その頃には長男が生まれており、しばらくは極貧生活に耐え忍んでいたものの、先の見通しが立たない生活をそのまま続けることができない事態に陥った。また運悪く、そ

ニコンサロン写真展案内状（1972年7月）

の頃、第一次オイルショックというのがあり、物価上昇に見舞われたことも、写真を続ける途《みち》を放棄することにつながった。というわけで、23歳から続けた写真は28歳の時に断念した。

志半ばまでもいかない3合目くらいでの撤退で、箸にも棒にも引っかからなかったが、僕は写真に没頭できたことはよかったと思った。特に、自分の作品を作るためにフィルムを自分で現像したり、画像を印画紙に焼き付けたりする作業をしている時に、10時間が2、3時間にしか感じられないほど早く過ぎていく濃密な感覚を味わうことができたのは、今でも幸福な体験だったと思っている。

植木屋になって田舎暮らし

写真を辞めて次に何をやろうとしたかというと、植木屋になることだった。１９７０年代の初め頃は、公害問題が大きな社会問題になっていた。東京の中心部のアパートに住んでいた僕たち夫婦は、汚染された空気の中で子育てをすることに抵抗があって、公害とは無縁な環境での暮らしを考えた。そこで、写真を辞めることを契機にして田舎暮らしをすると決めた。しかし、生活をしていくには移住先でも生活の糧を得なくてはならない。そう考えた時に、植木屋という選択肢が思い浮かんだのだった。田舎暮らしをしても、植木屋の仕事はあると考えたのだ。僕の父親が庭師をやっていたことも、選択肢にあがったひとつの理由としてある。移住してから植木職人になるというわけにもいかないので、東京にいる間に造園会社に勤めて技術を学びつつ、移住先を探すという方法をとった。

この選択も、周囲をずいぶん驚かせた。僕の親も妻の親も、嘆いたことと思う。父は僕には直接何も言わなかったが、母親に「植木屋になるんだったら、大学に行かせる必要はなかった」とこぼしたという。初めて地下足袋を履いて、スコップで大きな木を掘っている時にできた手の豆を見つめて、〝俺は、いったいどこへ向かおうとしているんだろう？〟という疑問が湧き上がってきたことを、今でもよく憶えている。

ところが、東京での植木職人になるための修業は、比較的楽しかった。造園会社には同年代の若者たちが多くいたし、4～5人いた彼らのほとんどが僕と同じように、大学を出て植木職人を目指していたので、気持ちが通じ合うところがあった。雨で仕事がない日でも、一緒に行動をすることがあった。そんな状態で1年半ほど過ぎた頃に、三重県の紀伊長島町（現・紀北町）の山奥に、農家の廃屋を見つけ移り住んだ。30歳になる直前のことだった。

そこで田舎暮らしを楽しんでいた頃に、町で唯一の病院の院長である平岡医師と出会った。移住して1年半が過ぎた頃のことだ。平岡医師は、当時同じ三重県内の鈴鹿市に大きな病院を建てることを計画していた。その病院のスタッフとして働くよう声をかけられたのだった。声をかけられた時は、僕はびっくりした。病院の庭仕事をしていた僕に声をかけたのだから、最初は新しい病院の用務をする要員として誘われたと思った。僕は、都市部に出て用務員としての仕事をすることに興味を覚えなかったので最初は断った。ところが、平岡医師は僕に病院の運営スタッフとして加わってほしいというのだった。

植木バサミを手にして地下足袋を履いていた僕が、病院のスタッフにならないかと声をかけられたのだから仰天した。僕のことをほとんど知らないにもかかわらず声をかけた平岡医師の無防備ともいえる言葉は、僕の胸を打つには十分だった。些《いささ》かの迷いはあったものの、他人に目をかけてもらう機会というのはそれほどないことだと思い、僕は平岡医師の眼力にかけてみようと考え、山奥からふたたび町中に出て生活することを選んだ。

平岡医師との出会いが、僕がスクールソーシャルワークにたどり着く伏線になったので、そのことは大きかった。もっとも、平岡医師にしてみればせっかく声をかけてゲットした人材なのに、病院が建ち上がってから2、3年後には、ソーシャルワークを学びたいという理由で、手の中からすり抜けていったという思いがあっただろう。後年、わざわざ遠くから出かけてきて、病院に戻ってくるようにと説得されたが、僕はスクールソーシャルワークの活動に、ある意味人生を賭けていたので、申し訳ないと思いつつも病院には戻らなかった。

病院勤務を経て渡米したのだが、帰国後は予備校にほんの短期間勤め、その後所沢市の教育委員会でスクールソーシャルワーカーとして活動を続け、50歳になった時に大学の教員になり、迷走はほぼストップした。

腰が定まらない僕としては珍しく、大学はひとつの大学だけに勤め続けた。特任時代も含めると20年勤めた。僕の若かりし頃の行動を考えると、それは異例のことだ。途中では、他の大学からの誘いもあったが、僕は日本社会事業大学に残る途を選択した。他の大学に動かなかったことには、日本社会事業大学が自宅から比較的近いという理由以外に明白な理由があるわけではなかったが、僕にとっては居心地が悪い環境ではなかったのだと思う。

と、計画性のない僕の軌跡を簡潔（?）に述べたわけだが、よくも途中でどこかの暗い闇の中に転げ落ちなかったものだと思う。病院に勤務するようになって、やっと落ち着いたと周りから見なされるようになった頃、僕は妻に「僕はこのままの生活を続ける気持ちはないよ。普通といわれる生活を僕がすると、世の中が薄っぺらになってしまうもの。人とは違った生き方をする人間がいてこそ、世の中が多様になって豊かになるんだよ」というような意味のことを嘯《うそぶ》いたりしていた。そう言われた妻は、僕を諌《いさ》めるどころか一緒になって脇道に逸れる僕の歩みを愉しんでいた。それがあったからこそ、僕は安心して迷走を続けられたのだと思う。

僕は計画性ということについて思いを述べたくて、自分の職業遍歴について記したのだった。元来、計画性があることは良きことだとされてきた。だから、人は己の人生のプランニングをする。就活だの、婚活だの、果ては終活などといって自分の生活を計画し、そのプランに沿って生きようとする風潮がある。〝備えあれば憂いなし〟ってヤツだ。対人援助の専門職の間でも支援計画だの見立てだのが当たり前のこととしてまかり通っている。大学の教員時代も授業計画の重要性が強調された。計画を立て、それを実行することはリスク回避や、キャリアの積み重ねにも不可欠だというのが大方の共通認識だろう。

無計画ではなくて非計画

イソップの童話に、アリとキリギリスという有名な話がある。夏の間に遊び呆《ほう》けているキリギリスと、暑さの中でも寒い冬を見越してせっせと食糧を蓄え続けるアリとを比較して、生存を続けるには計画性を持って生きることが大切だよというメッセージが込められた物語で、僕も子どもの頃からしっかりと頭の中にそのメッセージをインプットしてきた。しかし、僕のメモリーはメッセージを誤って書き込んだらしくて、キリギリスの生き方に近いものを辿ってしまった。おかげで年金は涙が出るほど少ないことになって、財政的にはイソップの教訓通りの結末になっている。しかし、だ。思ったことを思ったように生きてきたことを悔やみはしないし、内面的にはある程度の充足感を抱きながら生きている。

おそらく、リスク回避を心がけながら、きちんと計画を立ててその通りに歩む人生を過ごしていたとしたら、僕の人生の道筋は乾ききって彩りのない索漠《さくばく》としたものになっていたはずだ。そういった点では、イソップの教訓通りの結末にはなっていない。だから、僕は洗練されたプランニングが、かならずしも人生の成否を決定づけるとは考えておらず、定石《じょうせき》通りの生き方をしないことを意図的に選んできた。そんな生き方を人に誇ったり、勧めたりすることはしないが、無計画というとあまりにも自分が粗雑な感じがするので、綿密さを欠くという意味で非計画的といっておく。そう、非計画的な生き方をしてきたのだった。

とはいえ、どこか後ろめたさのような感情がないわけではなかったことも告白しておかなくてはならない。何しろ、子どもの頃にインプットされたアリとキリギリスの教訓に背く生き方をしてきたんだからね。そんな、若干屈折した気持ちも抱えていたのだが、ある時、生物学者である福岡伸一の本を読んでいる時に、マップラバーとマップヘイターという言葉に出くわした。マップラバーは map lover で地図が好きな人のことであり、マップヘイターは map hater で地図が嫌いな人のことだ。記述の詳細は憶えていないが、マップラバーは計画に沿った生き方をする人のことで、マップヘイターは非計画的な人のことを指すとして、一般的にはマップラバーの方が人生をより確実に生き延びることができて、マップヘイターは生き延びる確率が低いと考えられている。だけど、実際にはマップヘイターの方が生き延びる確率が高いのだというような話だった。人生には想定外の事態がつきもので、マップラバーは想定外の事態に直面した時にコンパスが的確に方向を示すことができなくなるから、どのように行動すればいいか分からず混乱してしまう。だけど、マップヘイターにはあらかじめ描いた図面がないのだから、不測の事態にも臨機応変に対応し危機を乗り越えることができるので、生き延びる確率が高いというのだ。

僕は、この言葉を知って大いに励まされた。だいぶん歳を取ってから出くわしたのだが、過去のキリギリス的足取りも肯定された気がした。危なっかしい足取りだったし、地図の上をあらぬ方向に動き回りはしたが、僕は確かに生き残り続けてきた。腰は定まらなかったけど、どんな事態に直面しても、したたかに現在まで生き延びてきた。マップラバーを決して否定はしないが、というか、僕は地図帳を見るのはとても好きで、地図を見て地形や気候を想像することは楽しみのひとつだが、マップヘイターの強みは着目されてしかるべきだと思うようになった。

基本的価値の重要さ

マップラバー中心の社会にあっては、僕の専門領域である相談援助の場面でもご多分に漏れずプランニングが重視されている。プランニングこそが、相談援助の帰趨《きすう》を決定づけるとまでいう専門家もいる。だから、相談援助の現場で活動する者たちは〝いい〟支援計画書を作成することを求められる。支援の初期段階から、中期、後期とクライエントの変化を想定し、関与の方法を決定する。このプロセスには、クライエントも加わり共同で計画書が作成されることもある。支援者とクライエントは、申し分のないように見える計画書というマップにしたがって援助のプロセスを旅する。だが旅の途中では、さまざまな要因でクライエントの心身の状態や生活に変化が生じるし、支援者とクライエントの関係性も変化する可能性がある。

〝ケース〟というものは、凝集した固形体ではなくて、可変的なゲル状態のようなものだから、流動する状況に柔軟に対応することが求められると思うのだが、計画がよく練られ整理されていればいるほど、変化する現実にうまく対処することができにくくなる。そうなると、支援者は躍起になってクライエントが計画に沿った形で変容するように努めるし、下手をすると計画にうまく乗ってこないクライエントを非難するようになる怖《おそ》れがある。そういうことが起きかねないので、支援計画は支援者とクライエントを窮屈にさせると考え、僕はあまり重視していない。地図がないと不安でどこへも進めないと思う人のためには計画書はあってもいいが、それはあくまでも目安であって、可変的な状態に応じることができるよう柔軟な内容でなくてはならないと思っている。

大学の教員をやっている時、特に大学院生の修士論文の執筆時にこのマップ崇拝に違和感を覚え続けた。もともと研究畑出身ではない僕は、論文執筆の様式という決まり切ったスタイル、僕の言葉で言えばお作法には馴染めなかった。院生がテーマを設定する場合、既存のサービスや実践などを研究対象として取り上げることが前提となっており、まず研究仮説を立て、その仮説を実証するためと称して、文献を収集・検証し、さらにアンケート調査やらインタビュー調査などを行う。それらに基づいて考証し、仮説は立証されたという流れにもっていく。大抵の場合、僕からすると仮説はわざわざエネルギーを傾注して証明するまでもなく、それって当たり前じゃないというレベルの話のような気がしていて、僕の知的好奇心を刺激する論文は多いとは思えなかった。

大雑把にいうと、すでにあるモノをあれこれ調べて、やっぱりこうでした、という実証の仕方がお作法にきっちり則っていれば則っているほど、いい論文として評価された。それはつまらない話なので、僕は自分の院ゼミ生には自分が書きたいモノを書くように勧めた。たとえお作法に従っていなくても、自分が関心のあることについて調べる方が、知見ははるかに身につくと考えていたからだ。そういうわけで、僕の院生たちは修論の審査会ではかなりこき下ろされた。なかなか優れた論文を書いたと僕が思っていた学生でさえも、全体からすると芳《かんば》しい評価を得ることができなかった。しかし、いい評価を得ることができなかったとしても、いいと思っている。論文は他者の評価のために書くのではなくて、自分の興味・関心を追求するために書くものだと思うから、当人が納得したものを書けたとしたら、それがいちばん評価されるべきことなのだった。

同じようなことは、僕自身にもあった。僕は博士号を取得していなかったので、そのことを気にかける周囲の先生方から、博士論文を書くように勧められたことがある。乗り気ではなかったが、何度も勧められているうちに少しやる気が出て取り組んでみたことがあった。だが、どうしても論文のお作法に乗っかることができなかった。それは、僕の気性だとか考え方の問題もあるが、文献や先行研究が存在しないという理由が大きかった。スクールソーシャルワークに関する論文はほとんどなかったし、実践がなかったのだから先行研究も先行事例もなかったのだ。だから、仮説を立てても実証する方法がなかったのだ。それでも、何とか論文の形式にまとめて目を通してもらったことがあるが、マップがなかったから、いい反応を得ることはできなかった。だから、

最終講義では弾き語りを、フォーク歌手の山本さとしさんと（2011 年 2 月）

僕は面倒くさくなって途中で放り出してしまった。このお作法がスタンダードである限りは、なかなか先駆的な研究はできないというか、出てこないだろうと思ったものだ。

スポーツや芸術の学びにおいては、基本的な型を身につけることが大事だといわれる。ソーシャルワークの分野でも、僕は基本的な理念や価値を非常に重要視している。だから、決してマップそのものを否定しているわけではない。基本ができていなければ、安定したパフォーマンスはできないだろう。対人援助職の場合、ケースごとに言うことや対応が違って、クライエントをいたずらに混乱させてしまったり、場合によっては傷つけてしまったりすることもありうる。スポーツの基本動作と同じように、基本的な価値や理念は繰り返し学んで、それらを身体レベルにまで落とし込む努力は必要だと思う。

それができれば、あとは個人のスタイルでやっていけばいいのであって、やたら細かい計画書を作成してそこから外れないように支援を行うとすれば、個々人の持ち味を押し殺してしまい、硬直した画一的《かくいってき》なサービスしか提供することができなくなるだろう。考えてみると、支援計画書などは支援者のためのものであって、決して利用者ファーストではないのだ。支援者はプランをナビとして用いて目的地にたどり着こうとする。支援者たるドライバーは、車体であるクライエントを自分の意のままに操ろうとするわけだ。ところが肝心の車体は、援助のプロセスにおいては、決して運転者の思いのままには走ることができないものだ。

2. 周りがソーシャルワーカーにしてくれた

無知の極み

僕たちはよく、何かの目標を目指す時にひとつの条件を自らに課して行動に着手しようとすることが多い。例えば、若い人（若い人じゃなくてもいいけどね）が結婚を考える時に、今の経済力だと家族を養うことができないから、一人前にお金を稼ぐことができるようになるまでは結婚しない、という話は何度も耳にしてきた。僕なんか、稼ぎが少なくても2人で頑張れば何とかなるんじゃないか、2人で力を合わせる経験はむしろ結婚生活を豊かにしてくれると思うんだけどなぁと思っていた。そして、僕は実際に稼ぎもなく、まして貯金もない状態で結婚した。「貧すれば鈍する」という諺《ことわざ》もあるから、もっとお金のことを考えてから結婚した方がいいと助言する人もいたが、貧しい時の、とはいってもずっと貧しかったのだが、結婚生活を振り返ってみても、少しも辛いものではなくて、ある意味充実していた側面もあった。だから結婚に限らず、何かをすることを思い立った時には、先送りにしないでとりあえずやってみた方がいいと考えてきた。「見る前に跳べ！」という精神だ。

ところが、ことソーシャルワークの実践活動に関しては、僕のそのポリシーは通用しないと思っていた。ソーシャルワークに関する予備知識もないまま、いきなりアメリカの大学院に入学したのだから、学ぶべきことは気が遠くなるほどあるだろう。きっと、大学院の2年間の勉強では現場に出る力を身につけることはできないはずだ。だから、自分がこれでいけると思うレベルまで学びを続けたうえで、ソーシャルワーカーとして活動しなくてはと考えていた。

しかし、僕は学び始めて1年後にはあらかじめ自分に設定していた条件を取り払うことになり、とりあえずやってみる精神に立ち戻ることになった。立ち戻るうえで大きな機会をもたらしてくれたのが現場実習だった。大学院では、入学すると講義と並行して週2日のソーシャルワーク関連の施設や機関での実習が必修として課されていた。経験や知識があろうがなかろうが関係ない。さらに、外国からの留学生だからといって、言語能力が勘案されることもなく現場に出ることが求められていた。大学院に入学してきたからには、ソーシャルワーカーとして一定の基礎的力量（言語力も）があることが前提とされていた。だから、当然特別の配慮もされず実習配属された。学生には合格した時点で、あらかじめどういった機関で実習したいかの意向調査があったのだが、知識も経験も皆無状態とあっては配属先は大学側にお任せするしか他に方法はなかった。

配属されたのはソーシャルサービス（Social Services）という僕にはちんぷんかんぷんの機関で、しかもChild Protective Service部のfoster care workerという業務をやることになった。実習に入る前に簡単に機関の概要と職務に関するオリエンテーションは受けたのだが、十分に機能や役割を理解できたわけではなかった。それでも、ソーシャルサービスがいろんな福祉サービスを提供する機関で、児童保護部の里親ワーカーとして働くことが求められていることはどうにか分かった。その程度は分かったものの、具体的な業務内容は思い浮かべることもできない状態だった。里親ワーカーって何のこと？という段階からスタートしたのだから、使い物にならなかったことは間違いがない。

それにもかかわらず、アメリカのやり方なのか僕が入った大学の方針なのか、はたまた実習機関の方針だったのかは定かではないが、とにかく実務をさせるのだった。日本から来た経験のない人間だから、その辺は考慮してほしいという甘い期待があったのだが、そんなことはぜんぜんお構いなしで仕事を与えられた。日本だったら、実習生にいきなりクライエントを担当させて任せるなどということは決してない。まぁ、ワーカーに同行して仕事ぶりをそばで見せて、一定程度理解させたうえで担当させるのが鉄則だろう。最悪の場合は、実習期間中のほとんどの時間をケース記録の閲覧に充てられることさえある。ところが、僕はそこではあたかもソーシャルワーカーとして経験があるかのように、仕事を任されたのだった。

出だしから難航の実習

配属後、最初に担当することになったのは、14歳の女の子だった。父親との折り合いが悪くて家出を繰り返していたため、シェルター（緊急保護施設）に一時保護されているということだった。裁判所から親権が一時停止されて州が親権を代行することになり、ソーシャルサービスに通告されたケースだった。僕に課せられた最初の仕事は、シェルターに保護されていた彼女のために里親先を探すことだった。スーパーバイザーは、里親として登録してある家庭のリストを僕に渡して、それらの中から連絡をとって里親先を探すように言い、すぐに自分の仕事に戻っていった。「え〜っ、僕の英語力分かってるでしょう？　電話で交渉するなんてことは、相当英語力がないとできないよ！」と思ったが、彼はもう僕の前からいなくなってしまっていた。僕は、そもそも電話が苦手だ。たとえ日本人同士であっても電話は好きじゃない。家にかかってくる電話への応答も、子どもたちが幼い頃から「頼む、電話に出て！」と代わりに応答してもらうほどだった。それなのに……。

僕は連絡先のリストを前にして、受話器の前でかなり長い時間あれこれ思い悩んだ。そもそも、最初は自分のことをどう名乗り、どうやって用件を切り出せばいいんだろうと苦悶した。最初の言葉は英会話の本に書いてあるような表現（May I speak to... といった言い方）では、どう考えても、仕事をしている現場ではふさわしくないように思えて、なかなか受話器に手が伸びなかった。まさに手も足も出ない状態で、30分以上は過ごしたような気がする。そうやって時間をつぶしているうちに、このまま何もしないでその日の実習を終えることはできないので、もうバンジージャンプで谷底をめがけて飛び降りでもするかのような覚悟を決めてダイヤルをした。

出だしは案に相違してスムーズだった。僕がソーシャルサービスから電話していると言うと、相手はどういう用件か分かっているため、話の入り口であれこれ気を使う必要はなかった。そこで安堵して、件《くだん》の少女について概要を説明したうえで彼女を預かってくれるように頼んだ。そうしたら、相手はいろいろ話を始めたもののすぐにいいという返事をしなかった。僕の英語力の問題で用件を理解してもらえていないのではないかと不安になり、改めて説明をすると、「それは分かっている」という返答だった。でもOKとは言わない。僕は何だか要領を得ないまま受話器を置き、次の里親のところへ電話をした。次のところでも、何やらあれこれ言って、結局預かるとは返事をしなかった。だから、また別のところへ電話をしたのだが、似たようなことが繰り返され、話は不調に終わった。そうなると、電話嫌いは影を潜めて、何とか預け先を探してやると、妙なファイトが湧いてきた。その勢いで次のところへ電話したら、やっと受け入れることを承諾してくれた。

預かることを拒まれたのは、最初は僕の英語力の問題だと思っていたのだが、そうではなかったことが後になって分かった。里親をしている人たちは、何かと手がかかる思春期の家出を繰り返すティーンエージャーを預かることには積極的ではなく、できるだけ幼い子どもを預かりたいという気持ちがあったのだ。しかし、里親として州と委託契約を結んでいる以上は、正当な理由もなく里子を選《え》り好みしてはならないので、僕の依頼に対して正面切って拒絶することができないため、あれこれと理屈を述べていたというわけだった。それを外国人の実習生である僕に対してやっていたのだから、僕が当惑したのも無理はなかったのだ。

そうやってやっとのことで預かってもらったのに、少女は1週間経つか経たないかのうちに里親先を飛び出した。そうなると、里親ワーカーである僕は彼女を探し出して、新たな里親先を探さなくてはならなかった。彼女を探すといっても、心当たりはなかった。まずは青少年裁判所に行って捜索願を提出するものだと聞いて、裁判所に行った。そして同時に実の母親に連絡をとり、彼女が立ち寄りそうな場所を訊いた。そうやった結果彼女が保護されると、また新たな里親先を探したのだが、彼女はどこに行っても長くは続かなかった。その時は、落ち着かない彼女の行動の理由をあまり深く考えることができず、父親との不和がすべての引き金になっていると思っていた。人種や文化の多様性に関する認識が乏しい日本で暮らしていた僕には、宗教とか文化の視点が欠落していたことに気がつくのは、かなり時間が経ってからのことだった。

少女はヒスパニック系だった。ということはカトリック教の環境で育ってきたということだ。だが、ユタ州にはキリスト教の分派であるモルモン教徒が多く暮らしており、住民の62パーセントほどを占める、白人種（caucasian）が過半数以上を占めるアメリカの中でも特殊な州である。したがって、里親先はほぼすべて白人のモルモン教徒だった。異教徒で人種が異なる里親先が彼女にとって居心地がよくないことは、あとから考えれば明らかなことだった。

そのことに気がついてから、僕は彼女のことを気にかけているという叔母の1人とコンタクトして、その叔母に里親になってもらうことにした。したといっても、僕の判断で勝手になってもらうことはできない。細かい手続きが必要だった。幸いに、スーパーバイザーも僕の考えを支持してくれたので、手続きのための必要書類を揃《そろ》えてくれるなどした。多少手間取りはしたが、叔母の家を里親先として認めてもらえることになり、少女はひとまず落ち着いた。

ポリスに同行してもらえだって！

少女が家出を繰り返している間には、こんなこともあった。彼女が僕に連絡をしてきて、家に着替え用の衣類を取りに帰りたいので、一緒に行ってほしいと頼んできたのだ。僕は、里親に委託されている子どもが家に帰りたいからといって、一緒に実家へ行ってもいいものかどうか分からなかったので、出先からスーパーバイザーに電話してそうしてもいいか尋ねた。彼は僕の問いにいともも簡単に「いいよ」と返事した。そしてそれからこうつけ加えた。「いいけど、あの家の父親はピストルを持っていると思うから、君1人で行くのは危険だと思う。警察に電話して、警察官に同行してもらった方がいいよ」。

「うわ〜っ、ピストルだって、その場所まで来てもらうように説明するだって！」。僕はパニクった。第一、出先から警察に電話して、その場所まで来てもらうように説明することからして、電話嫌いの僕にはとてつもなく高いハードルだった。だけど、1人で行って、ピストルで撃たれたりしたら冗談にもならないしなぁと考えて、僕は警察に電話した。そしたら、しばらくしてから警察官が来た。僕がどんな英語表現をしたのかはまったく憶えていないのだが、警察官が少女の家の近くまで来たということは、僕の英語もまぁそこそこじゃないかなどと変なところで自画自賛した。

家から、100メートルくらい離れたところに停めたパトカーから降り立った警察官は大柄で、いかにもマッチョなポリスという感じだった。ただ外見とは似合わずに愛想がよくて、気さくにいろいろ話しかけてきた。「お前は日本から来たのか。そうか。俺も昔軍隊の仕事で、しばらく横須賀にいたことがあるよ」などと言ったりしたので、僕も頼りがいのあるヤツだと思い、ずいぶんと気持ちが楽になった。ところが、玄関から50メートルほどのところまで一緒に歩いてきた彼は突然立ち止まって、「ここから先はお前が1人で行け。まだ、何も起きていないうちから俺が一緒に行くわけにはいかないんだ。何かあったら俺は行くから」と言うのだった。

ここでふたたび「うわ〜っ！」だ。〝何かあったら〟って、何かあってからでは遅すぎるんだよって思った。だけど、もう引き返すわけにはいかなかった。仕方がないので、僕はアメリカまで来て銃で撃たれるのも、「まっ、いい経験になるか」と腹をくくって玄関へ至る階段を上り、ドアのベルを押した。一度押しても応答がなかったので、留守を理由に引き返そうかと思った。一刻も早く、その場から逃げ去りたかったのだ。だけど、一度押しただけで帰るのもちょっとまずいかなと思い直し、もう一度、応答がありませんようにと願いながらベルを押した。すると僕の期待に反して、父親が勢いよくドアのところへやってきた。酒を飲んでいるらしいその表情は目がぎらついており、最初から敵意に満ちていた。僕はうまく説明できないにしろ、少女は着るものがなくて困っていて着替えを欲しがっているので、そうさせてやってくれないかと、しどろもどろになりながら頼んだ。

すると父親は血相を変えて、早口で僕をなじり始めた。「○×△●□▽☆◇▼×××……‼」。どうやら、僕の英語がたどたどしいのを感じて、未熟者のソーシャルワーカーだと判断したようで、そのような類いのことをまくしたてていた。そういった意味では彼の見方は当たっていた。だから彼は僕に悪態をついたわけだが、幸いなことに言語が違うため、僕の感情を刺激することはなかったので、僕は冷静な表情を浮かべていた（と思う）。父親が喋《しゃべ》っていた言葉は、いわゆるcurse wordsといわれる汚い英語で、アメリカの刑事もの映画などで話される言葉だった。僕は、現実にそのような言葉が放たれる場面に遭遇したことがなかったので、その状況には不謹慎かもしれないが、「わーっ、カッコイイ、映画みたい！」などと面白がったりしていたし、けっこう俺のヒヤリング力も悪くないかもと思ったりもしていた。怖かったはずなのに、そんなことを考えていたのだから、いい気なものだ。

父親は、僕がほとんど反応を示さないものだから拍子抜けしたらしく、やがてドアを勢いよく閉めて中に入っていった。目的としていた衣類を持って帰ることはできなかったが、ひとまず無事だったことに安堵した。警察官は、ことの成り行きを遠いところから見守っていたわけだが、僕が戻ってくると「何もなくてよかったなぁ」と声をかけた。僕は「何が、何もなくてよかっただよっ」と、彼に八つ当たりをしたい気分だった。

彼女については、その後も山があった。しばらく落ち着いていると安堵していたところ、叔母から「もう預かれない」という連絡があった。妊娠したことが分かったのだった。「おーっ、今度はそうきたか！」と、またもや僕は試練に晒《さら》された。カトリックという宗教上の決まりごとゆえか、彼女の意志なのか定かではなかったが、中絶することは望まず、子どもを産むという意志に揺らぎはなかった。そうなると、新たな里親先を探すことはさらに難しくなった。ただでさえ、思春期の子どもを預かるのに難色を示されるのに、妊娠しているとなると受け入れ先を探すことは絶望的な感じがした。どうすればいいか僕が途方に暮れている時に、市内には未婚の母を引き受ける施設があるのではないかというアドバイスをスーパーバイザーからもらった。自分が探してやるからなどという言葉を期待してはいけない。そこはアメリカなのだった。だから、僕は自分でそうした施設を探すことにした。電話帳を始めとしていろんな資料を探しまくり、ソルトレイク市内に未婚の母の施設がふたつあることが分かった。だが、そのうちのひとつは、すでに出産をすましている母子だけが身を寄せることができる施設だということが分かり、選択肢にはなり得ないことがはっきりした。

もうひとつはＹＭＣＡがやっている施設で、出産を控えている女性を預かることができるということだったので連絡をとった。担当者と連絡をとり事情を話したところ、少女が14歳であることから、預かるには若すぎると最初は断られた。だが、里親先を新たに見つけるとか、実家に戻るとかいった選択肢はなかったので、僕は何とか預かってくれるように頼んだ。電話だけではうまく話がつかなかったので、施設まで出かけていって責任者に頼み込んだ。その結果、何とか受け入れてもらえることになった。それは実習期間が終わる頃だったので、少しは見通しができる形で担当しているケースをスーパーバイザーに引き継いでもらうことになった。先行きの不安はあったものの、とりあえずは危機的な状況を切り抜け、実習を終えることができて僕はホッとした。

この間、９ヶ月が経っていた。僕は、この少女との関わりにおいて実に多くのことを学んだ。少女個人との関係については、残念ながらあまり深いつながりを持つことができなかった。打ち解けて会話をすることもできなかったし、気を許してくれていると思えるような印象を抱くこともできなかった。その点では、うまくいかなかったケースといえるだろう。でも、その後の僕のソーシャルワーカーとしての活動を考えると、最初に彼女のケースに関われたことはとても大きな意味があったと思っている。

未熟な僕でも、ソーシャルワーカーとして見てくれた

僕は前述したように、ソーシャルワークを学ぶと決めた時に、その知識や力量が一人前にならないと実践者にはなれないと思っていた。だから、2年間の勉強ではぜんぜん足りないだろうと考えていた。どんなに一生懸命やっても、すでにオジさんになりつつある僕が2年という短期間でそれなりの知識や力を身につけることができるとは思えなかった。だけど、この少女との関わりの中で、僕の考えは変わった。彼女が頻繁に家出を繰り返したり、宗教や文化が違ったり、そのうえ妊娠をしたりしたことによって、否が応でも多くの人や機関と関わらざるを得なかった。そういえば、裁判所のヒヤリングでソーシャルワーカーとして彼女に同席し、意見を述べる機会もあった。そんな関わりの過程で、ほとんどの人が僕を未経験の外国人と軽視するのではなくて、ソーシャルワーカーとして接してくれた。ソーシャルワーカーとして扱ってもらうことによって、僕は次第にソーシャルワーカーとしての振る舞いというか佇《たたず》まいを知らず知らずのうちに身につけていった気がする。

少女の年老いた祖父母の家を訪ねた時のことは、特に印象に強く残っている。まったく頼りないと自分自身でも確信しつつ、半ば途方に暮れながら訪ねていった僕を、２人は敬意をもって迎え入れ、可愛い孫のためにわざわざ足を運んでくれたことに対して何度も感謝の言葉を述べた。そのような態度に対して、自分がダメだとか頼りないなんて考えては失礼なのではないかと思うようになった。彼らが頼りにしてくれる気持ちを正面から真摯に受け止め、それに見合う行動をすることこそ大切なことだと考えた。そうやって誠実に行動を積み重ねていくことが、自分がイメージするソーシャルワーカーへの途につながるのではないかと思うようになった。

自分が十分な知識と力量を持って初めてソーシャルワーカーになることができるというよりも、クライエントとの関わりの中で出会う人々が僕をソーシャルワーカーにしてくれるのだと、僕は気づいた。謙虚かつ誠実に、敬意を持って相手に接することさえ続けることができれば、一流とはいえないまでもそこそこのソーシャルワーカーにはなれるのだという見通しを持つことができた。一人前の知識や力量を備えてから実践者になるといっていたら、永遠にそんな日が訪れることはなかっただろう。また、技量を駆使して自分が助けてやるといった上から目線では、いくら経験を積んでも関わる人たちがソーシャルワーカーにはしてくれないだろう。そのことは、何もソーシャルワーカーに限っていえることではなく、親になるプロセスだって、教員になるプロセスにおいてだって、同じことがいえるのではないかと思う。

大学院を卒業してからスクールソーシャルワーカーとして活動していた時に、仲間たちを案内する形で、ふたたび実習先のソーシャルサービスを訪ねた。卒業してから7、8年が過ぎた頃のことだった。ストレスが高いこともあって転職率が高い職場だといわれていたが、幸いなことにかつてのスーパーバイザーはまだ同じ職場にいた。彼は僕のことをよく憶えていてくれて、当時の思い出話などをしたのだが、彼に、彼女はあの後流産をしたと聞かされた。不安定な面はあるが、ボーイフレンドとの生活を続けているということだった。そして、「あのケースはとても大変なケースだった。自分が担当していたとしても、相当苦労していたと思う」と述懐した。そんな難しいケースを、よく検討もしないで僕に任せたものだと、改めて恨めしさが蘇った反面、彼が僕のことを軽く扱わないで一人前の人間として遇し、ケースを任せた度量の大きさには感謝しないではいられなかった。あの実習経験があったからこそ、帰国してからも怖《おじ》けづくことなく活動を続けることができたのだから。

ユタ大学大学院卒業式（1985年6月）

3. 〝ジイさんボクサー、負け知らず〟というハナシ

根拠のない思い込み

誰でも思い違いをしていることがひとつやふたつは、いや、あるいはもっとたくさんあるんじゃないかと思う。自分のそんな思い違いのひとつが、ボクシングに関するものだ。

僕は、中学生の頃からボクシングの試合を観るのが好きだった。そういうと意外な顔をする人が多い。なぜなら、僕はとても温厚に見えるので、ボクシングのような激しいスポーツは似つかわしくないと思われるのだ。でも、世界タイトル戦に限らず、国内の有名ではない選手の試合でも、放映がある時はテレビの前にかじりついていた。20代の頃は、深夜に放映されるボクシング番組の四回戦の試合でも見逃さないようにしていた。だから、蛙《かえる》跳びスタイルで後に世界チャンピオンになった輪島功一選手がまだ無名の頃、長靴を履いてリングに登場していた場面を憶えているし、世界戦のタイトル防衛に成功した直後に、自ら運転する車で衝突事故を起こして亡くなった、まだ若く

てそれからの活躍が期待されていた大場政夫選手の死が報じられた時は悲しみにくれたものだ。こうして書いていると、多くの選手たちの名前が記憶の保存箱からぞろぞろ這《は》い出してくる。

まぁ、そういうわけでボクシングの試合だけはよく観てきたし、70代半ばを過ぎた今でもテレビ放映があれば必ず観るし、試合だけではなくてボクシングにまつわるコンテンツをYouTubeで視聴することも少なくない。だから、僕の頭の中には強いボクサーのイメージが大量に蓄積されていて、自分でも同等の動きができるんじゃないかという錯覚が根づいていったらしい。なので、かつてはデビュー間もない四回戦ボーイの試合を観たりすると、「何であんなパンチの打ち方をするんだ！」「もっと足を使えよ！」などと画面に向かって叫びまではしないが、つぶやいたりしていた。そして挙げ句の果てには、不遜にも「俺だったら、あんな相手くらい倒してやる！」と思うことも何度かあった。

時が経つと共に妄想はさらに膨らみを増し、自分にはボクシングの才能があるのだという段階にまでエスカレートしていった。その思い込みを証明したいという気持ちがないではなかったが、ボクシングに挑戦する機会はなかった。大学に入学した時には、ボクシング部に入りたいという思いが頭をかすめたりもしたのだが、いざ実際に入部ということを考えると恐怖心の方が先に立ち、「鼻がつぶれたらどうしよう？」「殴られたら痛そうだな」とか弱気の虫が起こり、結局は思っただけで何も行動はしなかった。まっ、おかげで僕は根拠もなく才能があるという妄想を抱き続けることができたというわけだ。それから年月が過ぎ、青年期から壮年期になっても、ボクシングを一度はやってみたいという気持ちには変わりがなかった。でも、年齢を重ねるに従い、自分が実際にやるものとしてのボクシングは、遠くに過ぎ去ってしまったと思うようになっていった。

僕はいろんなところに住み、いろんな仕事に就いた。どれもこれも中途半端でモノにはならなかったのだが、ただやりたいことをやってきたという意味では悔いがなかった。でも、でも……、ボクシングだけは例外だった。ずっとやりたいことのひとつだったのに、結局は触れもせずに一生を終えることになるのかなと思っていた。

それは、僕なりの生き方からすると意に沿わないことだった。僕は若い頃から、棺桶《かんおけ》に足を突っ込む時に〝あれもやりたかった、これもやりたかった〟と悔いを残してこの世とおさらばすることはしたくないと思っていた。そうは思っていても、実際には願っていても手を着けなかったことはいくつもあったのだが、ことボクシングに関してはあるはず（？）の才能の片鱗《へんりん》さえ実感することもなくすますことは、残す悔いが大きすぎると思った。だから、62歳になった時に一念発起して、ボクシングを始めることを決めた。

思い込みは脆くも崩れ去る

〝決めた〟といっても、それからの葛藤はけっこう大変なものだった。ボクシングジムは、幸いにして勤め先の大学と自宅との位置関係を考えるとほどよいところにあることが分かり、通おうと思えば難しい場所ではなかった。ところがいざ決心してみると、ジムには恐いおニイさんたちが大勢いるんじゃないかとか、こんなジジイなんかが入門を申し込んだら嘲笑《わら》われて、鼻先であしらわれてしまうんじゃないかとか、またもや不安が芽生えてきて、なかなか行動に移すことができなかった。僕は、だいたいは決心したら行動が早い方だと思うのだが、この時ばかりは躊躇する気持ちが勝り続けた。

そんなわけで、しばらく逡巡する状態が続いた後に、ある日思い切ってジムへ足を運んだ。足を運んだものの、大勢の若者たちが発する熱気に気圧《けお》されてしまって、なかなかドアを開けて中に入る勇気を持てず、しばらく入り口付近をウロウロしていた。そうこうするうちに、会長とおぼしき人が僕に気づいて、入り口の方へやってきて「何か用ですか?」と訊ねた。「はい、あのー、入会を申し込みたいんですが……」と、おずおずと、しかし思い切って切り出した。会長は目の前の老人を前に驚いた顔をして、「あなたが、ですか?」と問いかけてきたので、「はい、私なんですが、歳取ってても大丈夫ですか?」と答えた。会長は一瞬、豆鉄砲でも食らったような表情を浮かべたが、次の瞬間、「いや、いや大丈夫です。あなたが本当にやるんですか? それはいい。ぜひ入ってください」と積極的に歓迎の意思を示してくれた。それでジムの中に入り、いろいろ説明を受けた後、僕は入会手続きをした。もう恐い人がいるとか、何とか言ってはいられない。「やるっきゃない！」と腹を据えた。

それでも、始めた時は2、3ヶ月も続けばいいだろうと思っていた。才能があると盲信していた割には弱気だが、ボクシングがそんなに甘いものではないということを頭の中にインプットしておくだけの冷静さは持っていたらしい。だからほんの短期間であっても、ボクシングジムに通うことができれば、思い残すことはないと思っていた。

当時、大学の仕事はとても忙しくて、週に十数コマの授業を受け持ち、共同研究やら数々の会議やらに忙殺されている状態に加えて、年間数回の海外出張もあったので、通う時間をとることも難しいだろうと思っていた。だから、最低週一度は通う日を決めて（教授会がある日。もっともストレスが溜《た》まるので……）、その日は何があっても早めに大学を出るということを決めた。

そうやって練習に通い始めたのだが、僕の無邪気な〝才能がある〟という妄想は、現実に直面することによって瞬間的に軽く叩き潰されてしまった。足が俊敏に動かないということは、年齢からすればある程度仕方がないので、その辺は想定ずみだったのだが、何よりもショックだったのは、グローブをつけて両手を上げて構える姿勢を保つのが難しいということだった。練習用の16オンス（453・6グラム）のグローブを目の高さに構え続けることができなかったのだ。重さに腕が疲れてしまい、ファイティングポーズをとることはできないし、さらに1ラウンド3分間という時間の長さといったらとてつもなくて、永遠とさえ感じるほどの長さなのだった。こんなことを12ラウンドも続けるボクサーたちは、超人なのではないかと思った。

だから、早々に僕は自分の才能への妄信については撤回しなくてはならなかったし、過去にテレビで観た、〝ふがいなく〟見えた四回戦ボーイたちには詫びなくてはならないという気持ちになった。その後、年に何度かジムの選手の応援のために後楽園ホールに行くことになるのだが、たとえランキング入りにはほど遠い四回戦ボーイであっても、生の試合を観ると、自分が彼らを軽んじていたことが恥ずかしく、全力で汗を、時には血しぶきを飛ばしながら殴り合う選手たちには畏敬《いけい》の念さえ抱くようになった。

ただ、才能がないということを痛感したからといって、ボクシングに対するモチベーションが下がることはなかった。呼吸はきついし足が動かない状態になっても、続ければ続けるほど練習に通うことが楽しみになってきた。

仮想の真理を突き破れ

学部4年生の卒業論文の追い込みの時期になると、筆が進まない学生たちには声をかけて、僕の研究室で執筆をするように勧めていて、毎年4、5人の学生たちが夜遅くまで研究室で奮闘するのが常だった。そんな時期でも、週一度の練習日には学生たちを研究室に残したままにして、〝ちょっと用事があるから〟といってジムへ行き、練習を終えてからまた研究室に戻るということをするほど熱が入っていた。

ミット打ち練習中（65 歳前後の頃）

そんな僕に、ある時、「試合に出るわけでもないのに、なぜそんなに熱心にボクシングをやるんですか？」と訊いた人がいた。その問いかけにひと言で的確に答えることができなかったので、要領を得ない返事をしてしまったが、試合をすることだけがボクシングの醍醐味《だいごみ》ではないと思っていたことは確かだ。続けてみて思ったのは、僕たちがいかに既成概念や常識の枠の中で生きているかということだ。

例えば、「歳を取れば取るほど、体力は下り坂になるものだ」という考えは、ほぼ真理に近いことのように僕たちの頭の中に染みついている。だから、その仮想の真理に引きずられて、僕らは一般的に歳を取ると動けるか動けないかを確認することもなく、先回りして身体を動かすことを抑制してしまう。実際に行動してみると、できないことはないかもしれないのに、行動に着手する前に諦めてしまうのだ。それってもったいないことだと思う。やってみてできなかったと諦めるのと、やりもしないで諦めるのとでは雲泥の差がある。たとえ、望んでいた結果を得ることができなかったとしても、挑んでみてほんの入り口だけ囓《かじ》っただけだとしても、そのことは挑戦した人にとっては確実に経験として自らの中に蓄積されるはずだ。その蓄積された何かは、間違いなくその人の人生に彩りを加えるはずだと僕は思っている。

だから、たとえ選手になることはなくても、僕が両手にバンテージを巻いて、その上にグローブを着けてサンドバッグを叩くことは、それをしない世界とは明確に異なるはずだと思ったし、実際にやってみて新たに知ったことが多かった。

確かに、10代や20代の頃のように、軽やかに、かつしなやかに身体を動かし飛び跳ねることはできなくなる。だが、それが加齢と共に下降線を辿る一方だというのは違うということが分かった。僕は、30代の半ばから50代の半ばになるまで草テニスを続けていた。僕のテニスの特徴は、どんな球でもしつこく追いかけることだった。だから、当時もある程度走ることはできていた。だけど、60代でボクシングを始めてからランニングをしたら、大した距離でもないのに息が上がってしまい、ランニングコースの途中でひと息もふた息も入れなくてはならなかった。そんな状態が2、3年は続いた。そんな時には世間並みに、やはり歳には勝てないものかと思った。だが、それでも走ることを続けていたら、しばらく前までは休憩しなくてはならなかったポイントまで来ても休まなくてすむようになり、距離をもう少し延ばしても大丈夫になった。

練習では、サンドバッグやシャドーボクシングを3分刻みセットでやるのだが、最初は2ラウンドやるのに、今にも死にそうな表情を浮かべてやっていた。その頃はいつか3ラウンドくらいできるようになれたらと思っていたが、そのうちに4ラウンドできるようになっていった。その辺は、会長とのミット打ちの練習の効果も大きかったと思う。週一回のペースで律儀にジム通いを続けるジイさんを気にかけ、彼は僕とのミット打ち練習に、他の若者たち以上に時間を割いてくれた。その結果、体力は62歳で始めた時よりは、数年後の方が確実に優ったのを実感することができた。パンチのスピードだって、遅くなっているどころか速くなっていたはずだ。若い人たちと比べれば、当然すべての点で劣っていることは否めないが、こと自分自身との比較では、常識が真実とはいえないということは確信を持って言えた。

そうしたことは、実はボクシングだけのことに限らず、僕たちの生活の中でいろんなことについても当てはまるのだと思う。僕たちは何かとさまざまな条件をつけて、自分の不作為の言い訳をする傾向がある。実は、その条件こそが僕たちの可能性を発揮する機会を奪っているのではないかと思う。人は無限の可能性を持っているといわれることがある。でも、僕は持っている可能性が無限だとは思っていない。当然限界はある。しかし、その限界は自分が思っているよりは、もっと遠くにあるとは思っている。自分自身の限界を低く見積もり、様々な条件をつけて理想や願望を手放すのは惜しいことだ。

無謀なチャレンジ

例えば、僕は37歳の時にアメリカの大学院に留学した。20代の頃から職業遍歴が激しく、しかも傍目《はため》には脈絡のない変遷《へんせん》ぶりで、学問とははるかにかけ離れた生活をしていたから、周囲では無謀というよりも一体何を夢物語のようなことを言っているんだと呆れ果てた人たちがいた。僕がアメリカで勉強するのは不可能だと考える人たちがいても、それまでの僕の暮らしぶりを考えると当然だっただろう。中には、「お前のような人間がアメリカの大学院入学を考えるなんて、大学院に対して失礼だ」となじる人さえいた。妻の身内や友人たちの中には、「あんな男と暮らしていると、将来ロクなことはないから、早く別れなさい」と彼女に忠告する人たちさえいた。アメリカ行きに関しては夫婦の間で一度も言い争いがなかったのに、余計なお世話だと思いつつも、そう言われても仕方がないと認めざるを得ない面もあった。だが、これもほぼ妄想に近かったのだが、僕にはスクールソーシャルワークというモノを学び、日本の学校に実現したいという気持ちが心の奥底から強く湧き上がっていたので、周囲からの冷ややかな眼差しに怯むことはなかった。

客観的には、僕のように学問とは無縁で尻の座らない者にとって、海外で、しかも大学院で学ぶことは紛れもなく相当ハードルが高いことは間違いがなかった。だから、そのハードルを目の前にして尻込んでチャレンジを諦めていれば、要するに冷静な判断ができていれば、少しは真っ当な人間として扱われていただろう。だけど、自分の中にもなかったとはいえない常識を取り払って足を踏み出した。そして、踏み出した道は当然のことだが険しかった。でも、それは織り込みずみのことだったし、険しい道のりは苦痛ではあるが他方では充実感があったので、何もかも放り出して逃げ出したいと思ったことはなかった。暗闇の中を手探りで彷徨するようなチャレンジだったが、限界は限界のままで目の前に立ち塞《ふさ》がり続けるのではなくて、やがて徐々にではあるが立ちはだかっていた壁は低くなっていった。そして、妄想やら夢想やらは徐々に現実に近づいていった。僕は、身のほど知らずで、人の批判的な言葉に耳を貸さない頑固さを貫き通したことを褒めてやってもいいと思う。そうであることによって、スクールソーシャルワークの実践にもたどり着くことができたからだ。

世の中には、願ってもできないことがある。いやむしろできないことの方が多いだろう。でも、僕らの中にある常識や世間体などが、できないことの幅を広げていることがあると思う。だから、僕は自分がやりたいことに出合ったら、山が高く険しいと感じても、何もしないで諦めるのではなくて、とりあえずは尻込みしつつであっても、山道に足を踏み入れてみた方がいいと思っている。そうすることによって、それまで見えていなかった自分自身の新たな一面に出合うことがあるからだ。僕にとってボクシングをすることは、自分が設定していた限界を打ち破るひとつの証明手段だったのだ。

ここで忘れてならないのは、チャレンジや決断は自分だけでするとは限らないものだということだ。未知の世界に足を踏み出すには、自分を支えてくれるサポーターの存在が重要だ。何かにつけて、まったく1人で行動することは容易なことではない。後ろ盾がなければ怖くて前に進めないのは、多くの人に共通することだと思う。僕だって、自分の行動に対して他人から多くの非難を浴びたが、すべての人がそうだったわけではない。どんな時でも僕という人間をよく理解して応援してくれる人たちがいた。だから、無謀とも言われた行動に踏み込むことができたのだった。

復活の刻《とき》を待つ

ボクシングに話題を戻すが、人に「僕は60歳過ぎてからボクシングを始めたんですよ。でもね、一度も負けたことがなかったんですよ」と言うことがある。そうするとたいていの人は驚いて「このジイさん、ただ者じゃないな」というような目をして、「へえ〜、それは凄《すご》いですねぇ」という反応を示す。その反応をしばし愉しんだあと、おもむろに「でも、一度も勝ったこともないんですけどね」と続けるのだが、そうすると、どういうことか分からず拍子抜けしたような表情を浮かべられることが多い。

僕は試合に勝ったことも、負けたこともなかった。要するに試合をしないボクサーもどきだったのだ。そもそも、60歳を過ぎてボクシングの試合をするというのは非常に危険なことなので、試合をすることはないのだ。プロボクサーだって、37歳になればプロのライセンスは剥奪されるほど過酷なスポーツなのだから、ド素人のジイさんなど顔面を強打されたら脳血管が破裂する怖れが大いにあり、試合などもってのほかのことなのだ。練習では、時々若い人たちと本気の打ち合いではないマスボクシングというのをやらせてもらっていたが、会長は僕の相手をする若者たちに「ゼッタイにセンセイ（ジムではそう呼ばれていた）を本気で殴ってはダメだ」と言うのが常だった。そして僕は相手を思いっきり殴ってもいいと言われることもあったが、相手を攻めるだけのボクシングというのも意外とやりにくいと思ったものだ。

まぁとにかく、ボクシングには試合だけではなく、僕にとっては自分や人の既成概念を打ち破るという意味合いがあったわけだが、70歳までは続けるという当初の目標は達成することができた。できればもっと長く続けたかった。だが、70歳になった年に、僕は現在住んでいる長野県の富士見町に移住してきた。少しくらい距離が離れていてもジムがあるなら、そこに通って練習を続けようと思っていたが、周辺にはどこにもないようなので、残念ながら続けることができていない。今は70代の後半に差しかかっているが、それでも練習環境があれば練習を再開したいと思っている。もし今後80歳、さらに90歳まで長生きすることができるとすれば、その時もグローブを手にしていて、どんなに歳を取っても世の既成概念を突き破って動き続けることができると示したいと願っている。傍目にはヨボヨボでどんなに無様で滑稽《こっけい》に映ろうと、ファイティングポーズをとる姿を自分自身に期待しているところだ。

今は通うジムがないので、ウッドデッキにサンドバッグが吊《つ》るしてある。それを叩いて来たるべき練習の機会に備えて体力をつけておこうと思っている。だが、悲しいことに持病の腰痛がこの数年の間で悪化して、歩くことにも難儀するという状態に晒されている。サンドバッグを殴ると腰に痛みが響くので、サンドバッグは風に揺られて虚しくぶら下がっているだけだ。でも、負けたことがないジイさんは今でも諦めることなく、自由に動き回ることができるように復活の刻を待っているところだ。

パートⅢ 途上にて

たとえ親であっても、子どもの痛みさえ
本当に分かち合うことはできていないのではないか。
ただひとつできることは
いつでも見守ってあげるということだけだ。
その限界を知ったとき、
なぜかたまらなく子どもが愛おしくなってくる。

星野道夫『ラブ・ストーリー』

1. 〝いいんじゃない?〟でいいんじゃない?

〝いいんじゃない〟って言ってればいい?

僕がスクールソーシャルワーカーとして活動していたのは、1980年代の中盤から1990年代のことだから、時間的にいうと、もうずいぶん昔のことだ。当時出会った子どもたちは、年長者で50代になる。時間の経過と同時に僕の加齢を考慮すると、多くのできごとが記憶から消え去っていることは避けようがない。でも、僕には数十年前のことがそんなに昔のこととは感じられなくて、今でも直近のできごとのように思い出すことがある。それも、胸が震えるようなドラマチックな事柄ではなくて、さりげない内容のエピソードだったりする。例えば、次に述べることなどは、子どもや保護者との深い交流とは無縁の軽い言葉のやり取りだったのだが、僕のスタイルをよく表すエピソードとして人に何度も話をしてきた。

それは、家庭を訪問していたある子どもの母親との会話だ。いつものように家の中に通されて着席した後、挨拶代わりの言葉を交わしている時に、彼女が笑みを浮かべながら「ウチの子が『スクールソーシャルワーカーって楽な仕事なんだね』って言うんですよ。それで、私が『どうして？』って聞いたら、『だって山下さん、いつも〝いいんじゃない？〟ってしか言わないもん。スクールソーシャルワーカーって、それだけ言っていればいいみたいだからね』って言うんですよ」と言った。その話を聞いて、なるほどいいポイントを突いているなと思って、僕も笑ってしまった。確かに、それだけ言っていればすむようだったら、楽な仕事に違いない。

その子とは、関わり始めてまだあまり時間が経っていなかった。おそらく三、四回程度しか顔を合わせておらず、少し言葉を交わしたという程度の関係しか築けていなかった。数少ない会話の中で、僕は「いいんじゃない？」という言葉をどうやら何回も口にしていたらしい。子どもからすると、もう少し気の利いた言葉を発してもらいたかったのかなと思わないでもないが、この小さなエピソードは意外に尾を引き、その後繰り返し蘇《よみがえ》ってきた。

スクールソーシャルワークの実践活動から身を引いて大学の教員になってからも、この口癖には変わりなく、学生が何か心配事があって相談に来た時なども、彼・彼女らの問いかけに対して「それで、いいんじゃない？」と応答することが多かったらしくて、やがて学生たちは何か相談に来ても、部屋に入るなり「先生が何て言うか分かってるんです。だけど、先生の口から直接その言葉を聞きたいんです」と言いながら、僕の口からそれが発されるのを待つというようなことさえあった。

また、数人の学生たちと話している時に、僕を模した〝いいんじゃないい人形〟を作って売り出したいね、という話になったこともあった。何か行き詰まって悩んでいる時に、机の上に置いてあるエイザブロウ人形の頭を叩くと「いいんじゃない？」って、僕の声を録音したメッセージが流れるというヤツだ。そのアイディアは案外悪くないんじゃないかなと、僕も思った。でも、それがその場限りの話で終わったことは至極当然のことだった。しかし、ストレス過多の社会にあっては、今でもそんな人形を作って販売すれば、少しは売れるのではないかと妄想したりする。

相手の話を否定しないということ

誰かの言動に対して「いいんじゃない？」って言うこと自体は、確かに簡単なことのように思える。だけど、実際にそう言うことは、思うほど簡単なことではない気がする。僕たちは、他人の言動を客観的に見ることができる。だから彼・彼女の言葉や行動が及ぼす影響や結果が分かるような錯覚を起こしやすい。その影響や結果というものは往々にしてネガティブなものだったりする。したがって、リスクを回避させるために、あれこれと言いたいことが出てくる。特に、大人と子どもとの関係においては、その傾向が顕著だ。だから、「いいんじゃない？」とはなかなか口にすることができず、相手が何か行動を始めようとすると、「ああした方がいい、こうした方がいい」とか、

「そんなんじゃダメ！」「いったい何を考えてるの？」などと、否定する言葉を連発しがちだ。ましてや、現実味がない話に対しては、冷笑したり呆れ果てたりといった反応を示すのが一般的なパターンだろう。そこで思い出すことがひとつある。ある若者のことだ。彼は中学生の頃、僕が家庭訪問をしていた青年で、中学校を卒業してから6、7年経ってから、僕が所属していた教育センターに突然訪ねてきた。僕に、折り入って相談したいことがあるというのだった。どんな相談だか皆目見当もつかなかったが、久しぶりの再会を喜んで彼を迎えた。中学生時代とはすっかり変わって大人びた彼は、相談室のソファに座ると、おもむろに用件を切り出した。その彼の言葉を耳にして、僕は〝うーむ〟と一瞬考え込んでしまった。

彼が発した言葉とは、「俺、アメリカの大統領になりたいんだけど、どうすればいいか分かんなくて、山下さんに訊けば、どうしたらいいか分かるって思ってきたんだ」というものだった。なかなかの難問だと思った。冷静に考えれば破天荒な考え方で、夢物語にもならないようなことだ。それこそ、「何を考えているんだ」とか、「頭がおかしいんじゃないの」とか言われるような類いの言葉だ。だけど、僕はそんなことを言うつもりは毛頭なかった。彼なりに、一生懸命思い詰めた末に、僕のところに来たはずだった。その切実さを無視して一笑に付してはいけない、彼の真剣さに見合う返答をすべきだと思った。だから、どう答えることがいいのか頭を抱え込んだ次第だ。

考えた挙げ句、とはいってもじっくり考えるだけの時間をとったわけではなかったが、僕は彼に、

「そうだねぇ、アメリカの大統領になるには、英語を話せなくちゃいけないんだよね。それだけは、ゼッタイ条件なんだよ」とまず言ってから、「ところで、君は英語を喋ることができるんだっけ？」と続けた。彼は、「いや、喋れない」と答えた。「そうかぁ、じゃあまずは、英語を勉強することから始める必要があるよね。で、英語を勉強する気ある？」と訊くと、彼はする気があると答えた。「そうかぁ、君にやる気があるのなら、僕の知り合いに英語を教えてくれるか聞いてみるから、もし教えてもいいって返事があったら通ってみる？」と言うと、頷《うなず》いて通うと返事をした。

その日彼が帰った後、早速知人に電話で簡単に経過を説明して（アメリカの大統領になるためにとは言わなかった）、英語を教えてもらえるか尋ねた。知人はすぐに快諾してくれ、やがて彼は英語の勉強に通い始めた。しばらくの間通ったが、そのうちに勉強を止めた。でも、僕はそれでもよかったと思った。中学校時代の彼を思い出すと、勉強というものには一切手をつけていなかったし、卒業してからも多分そうだったと思う。その彼が英語を学ぶために、数ヶ月も知人の家に通い続けたのは貴重なことであり、彼のその後の人生に少なからぬ意味を持つだろうと僕は思った。たとえ目標を達成できなくても、それに向かって足を踏み出してみれば、それまでに体験したことがなかった新しいことを発見したり、学んだりするはずだ。その発見や学びは、その後の人生に活きてくるに違いない。僕は、いっぱしの大人として、彼の言葉を否定しなくてよかったと心底思う。考えてみたら、僕だってその若者と同じようなものだった。ソーシャルワークのことを全然知りもしないで、誰もまだやっていないのにスクールソーシャルワーカーになると口にして、見通しもないのにアメリカまで行ってしまったのだからね。きっと、僕は自分がかつて無意識に望んでいた反応を、彼に示したのかもしれないと思う。

自分で決めたことを応援する

相談援助の専門家や教員ともなると、何か気の利いた言葉で、相手に影響を与えなくてはならないという強迫観念にとらわれているから、クライエントの言動を否定はしないまでも消極的な評価をしたうえで、指示や指導をしてしまいがちだ。そもそも、「いいんじゃない？」という言葉を発するには、相手の言動を全面的に肯定することが前提となる。しかし、そうすることは現実的にはなかなか難しいことだ。前述したように、自分の目からは、どうしても他人の言動のアラが目につくから、あれこれ言いたくなるものだ。それを考えると、平然と「いいんじゃない？」って言い続けてきた僕は、けっこうイケてるんじゃないかなと、ちょっとドヤ顔したくなったりする。

でも、真面目な話、じゃあ僕は相手を常に全面肯定していたかと自分に問いかけてみると、100パーセント〝イエス！〟と言い切る自信はない。でも、90パーセント以上は言える（気がする）。ソーシャルワーカーは、困難に直面して格闘している人たちと関わるのが前提だ。その抱えている困難の解決を期待されてクライエントと称される人々に向かい合う。だから、自分が修得した知識やスキルを駆使して、ソーシャルワーカーがクライエントの困難を〝解決してあげる〟という姿勢を持ってアプローチすることになりがちだ。それが支援臭となって、辺りに漂うことになるのだろう。

だが、僕はそうは考えなかった。困難に直面している当事者が、その問題に関する限り1番の専門家なので、すでに自分なりの答えを自分の胸の中に持っていることが多いものだ。だけど、その答えに対して確信が持てないために、誰かに相談したりする。そんな時に、相談された専門家や教員が、当人の持っている答えに合致する応答をしてくれればいいが、彼らは自分の専門とする領域の枠内で物事を受け止め、その中から回答を導き出す傾向があるため、当事者の問いかけに応答がかならずしもシンクロしないことがままある。そこで、当事者は不全感を残したままで相談を終えることになる。

当事者は、頭脳を駆使し、多くの時間を割いて自分なりの答えを導き出しているので、短時間だけ話を聞いている他者よりははるかにエネルギーを費やしている。ゆえに、その労力には敬意を表すべきであるし、導き出した結論についても尊重をするべきだと僕は思う。だから「いいんじゃない？」という言葉が出てくるのだ。僕の発する言葉が相談する前から分かっていると言っていた学生たちが、「答えは分かっているんだけど、先生の口から〝いいんじゃない？〟って言葉を聞きたいんだよね」と言った先には、自分という存在を肯定してほしいという期待があってのことであり、それを得ることによって、自信を持って物事に立ち向かうことができるようになったのだと思う。ただ、そんなやり方が、時には相手に欲求不満を抱かせることもある。人によっては、明確な物言いを求める。そんな人に〝いいんじゃない〟なんて脳天気な言葉を返すと、苛《いら》つくことだってあるだろう。それを分かったうえで、僕は他人に判断を求めるのではなく、自分自身の力で決断してほしいと願うのだ。

子どもが自分で考えて決めたことで、明らかにいい結果に結びつかないと思えるようなケースもあった。だが、僕はそういう時でもたいてい「いいんじゃない？」と伝えた。そして、実際にうまくいかなかったこともあった。それでも、それでいいと思った。自分で考えたことを実際に行動に移してみて、たとえうまくいかなかったとしても、何もしなかったことに比べればはるかに学ぶことがあると思ったし、失敗経験をすることも大切なことだと考えていたので、事前に行動に歯止めをかけるようなことはしなかった。ただし、彼らの決断についてはいくつかの選択肢を示し、その中にあるリスクも説明するようにはしていた。リスクを分かったうえで、決断を下したのであれば、それは尊重するしかなかった。そして、万が一失敗した時にどうサポートするかというのが僕の役割だと考えていた。

上手くいかなかった時に、「だから言ったじゃない」とか「自分でやったことだから、しょうがないよね」という自己責任に帰させるような態度ではなく、次にまた立ち上がることができるようにサポートすることが大切なのだ。つまずいた時に、周囲に誰も支えてくれる人間がいなければ、子どもはふたたび立ち上がることができず突っ伏したままでいるだろう。だけど、そばで誰かが手をさしのべたり、全身を受け止めてくれたりすれば、改めて出直す気力も湧いてくる。だから、サポートさえある限り失敗はしてもいいと思う。

だけど、ここでつけ加えておかなくてはいけないのは、いついかなる状況でも「いいんじゃない?」と言えるわけではないということだ。僕だって、そうは言えない時があったし、これからもあるだろう。「いいんじゃない?」と言えないのは、子どもが絶望感に苛《さいな》まれてしまい、自分自身を否定する、究極的には自死を仄《ほの》めかすような言動をする場合だ。そんな時には、僕は決してそれらを容認することはしなかった。「俺(私)は、人間のクズだ」とか、「生きてても何の意味もない」といった言葉については、とても〝いいんじゃない〟と応答することはできなかった。そのような言葉が出てくる背景というのは当然あって、そう言わざるを得ないような事情もあると理解することはできたとしても、いやそれだからこそ、彼らの生きている意味を否定したり、自分自身の価値を貶《おとし》めるような言葉は容認しないようにした。

さらに、もうひとつ「いいんじゃない?」と言えないケースは、彼らの言動が他人を傷つける、つまり権利侵害の怖れがある時だ。まぁ、当たり前の話だから、多くを語る必要はないようなものだが、精神状態が不安定だったりすると攻撃的な衝動が生じて、他人を傷つけたり、時には殺したいという気持ちが湧きおこってくることがある。支援者は、その衝動を吐露されることがある。攻撃的な衝動を誰かに吐き出し、それを受け容れてもらえることによって激しい感情が収まり、平静を取り戻すことができる場合も多々ある。だから、権利侵害にあたる言動だからといって、直ちに、それを抑えるような対応をするということではない。攻撃性が具体的な行動に結びつく怖れがある場合は、被害を受ける対象を擁護する必要があるし、子どもに加害者としてのスティグマを負わせるわけにもいかない。だから、行動を思いとどまらせる働きかけをする。

「いいんじゃない？」から「それってダメじゃん」というまでの境界線を明瞭に引けない場合がある。その辺は判断が難しいところだが、基本的には「ダメじゃん」とする境界線はかなり遠い方がいいと思っている。つまり、境界のラインは急迫性が認められるかどうかだと思う。この辺の判断に関しては、人によって大きく異なるだろう。でも、僕はそう考えて対応してきた。そういった考えは、自分自身をギリギリの所まで追い込むことにつながるし、場合によってはワーカーの責任が問われることにもなりかねない。それを分かっていても、僕の判断基準が甘いのは、きっと自分自身が幾度となく「それってダメじゃない？」と言われてきたことに対する反作用からきているのかもしれない。

〝いいんじゃない〟は僕がほしかった言葉

僕は、とにかく他人から「それってダメだろう？ 一体何を考えているんだ！」と言われるような行動を連発していた。他の章で述べたように、大学を卒業してから短いサイクルで転職を繰り返したことが、周囲からのネガティブな言葉のシャワーを浴びる原因だった。しかも変わる仕事の内容が、それぞれに関連性がなかったのだから、非難するにはてんこ盛りの材料があった。しかし、当人としては傍《はた》で見るほどお気楽に仕事を変わっていたわけではない。むしろ、苦しみに苦しみながら自分がやりたいことや、やれることを必死に求めてあがいていた。真剣に人生に立ち向かっていたと言ってもいい。何をやっても、しっくりこない違和感を覚えながら焦りに焦っていたのに、それを何も考えないで生きているみたいに非難されるのは、僕からすればそれこそお気楽に感じられることだった。

だけど、そんな足下が定まらずフラフラ浮遊しているような僕を、ずっと変わらずサポートしてくれる人たちがいたことも事実だ。それこそ、いつも「いいんじゃない？」というメッセージを発し続けてくれたのだった。彼らは、僕の行動ではなくて、僕という人間を見つめていてくれ、いいところを認めてくれていた。だから、僕を決して見放すことがなかった。それがあったからこそ、バッシングの嵐の中にあってもあがき続けることができたのだと思う。

特に、妻などは、何人かの友だちからあんな男の人と一緒になると不幸になるだけだから、別れた方がいいと何度も忠告（警告？）されたことがあるし、わざわざ妻の実家に行って彼女の母親に、「あんな男とは別れさせた方がいい」などと直言した人たちもいた。僕たち夫婦は、どんな生活をしていても2人の間では一度も別れ話など出たことがなかったのに、周囲の人たちが別れた方がいいなんて言うのはなかなか面白いことだった。また、僕の母親は妻に会うとよく「フミコさんごめんなさいね。本当ならもっといい人と結婚できてたはずなのに、よりによってエーボ（僕のこと）と一緒になったばかりに苦労ばかりさせられて……」と頭を下げていた。そんなふうにろくでなしのレッテルが身体中に貼《は》りつけられていた僕だった。

だが妻が、一貫性に欠ける僕の彷徨をたったの一度も責めることなく受け止めてくれたことは、ありがたいことだった。経済的にかなり厳しい状況に追い込まれても、持ち前の明るさを失うことなく日常生活を乗り切っていた。僕の行動を僕だけのせいにしないで、自分は僕の共犯者だと言っていたこともある。そういう脳天気な彼女を見て、かえって不憫《ふびん》に思い、別れた方がいいと思った人たちがいたのかもしれない。

妻とは、彼女が18歳、僕が20歳の時に出会った。大学のサークルの先輩と後輩という立場だった。彼女が大学に入学してきてからそんなに時間が経っていない頃からつき合いが始まったのだが、僕

モンゴルにて肝っ玉な連れ合い（2003年）

はつき合う最初の段階で彼女に言った言葉を今でも、正確にではないが憶えている。どんな内容だったかというと、「僕と一緒になっても経済的に楽をさせることはできないと思う。でも、面白いと思える人生を歩ませることは約束できる」というような意味合いの言葉だった。18歳の大学に入学して間もない女の子に、よくもそんなことを言ったものだと自分でも驚く。

つき合い始めたばかりの女性にプロポーズまがいのことを言った大胆さに驚くのはもちろんだが、何ごとにつけても慎重居士《しんちょうこじ》であった自分がそんな発言をしたことに驚くのだ。僕は、大学生になるまでずっと安定的な生き方をしていた。リスクを冒すような選択をすることはなかったし、自己主張もあまりせず、他人に合わせた生き方をする、どちらかというと主体性のない若者だった。仲間からは、石橋を叩いても渡らないヤツだと批判されたこともあった。妻と出会った時も、その傾向は変わっていなかった。なのに、将来波乱に満ちた人生を送るのを予言するようなことを言っていたのには、その後の生きてきた軌跡を考えると不思議な気持ちさえする。

妻は難病を患い、2018年に70歳で突然亡くなった。予言したとおりに、2人で力を合わせても経済的には楽な生活を送ることはできなかった。でも、面白い人生を過ごしてもらうことはできたのではないかと思っている。

「いいんじゃない？」という言葉は、ソーシャルワークを学ぶ過程で獲得したというよりは、妻からもらった言葉なのかもしれない。彼女の僕を全面肯定する姿勢が、僕のいろんな面を引き出すことに寄与したのだと思う。自分がもらったメッセージから大きな力を得られたのだから、僕が同様のメッセージを他者に向けて発することがあれば、もしかしたらその人たちをエンパワーすることができるのだと、無意識のうちに感知して、僕の言葉に落とし込んでいたのかもしれないなと今では思う。

ある子には、スクールソーシャルワーカーって「いいんじゃない？」って言っていればいい楽な仕事に映ったのだろうが、その言葉を口にできるまでには、それなりのストーリーがあるものだというハナシだ。

2. 専門家ってヤバくね？

大胆な船出

1986年当時はまだ荒れている中学校が多く、僕の活動拠点だった所沢市の学校も例外ではなかった。僕がスクールソーシャルワーカーになりたいと思ったきっかけは、全国で吹き荒れる校内暴力の嵐に触れてのことだったので、当然、ヤンキーと呼ばれる中学生との関わりを想定していた。教育委員会側も、僕をそのために雇った。その点では、何の齟齬《そご》もなかった。ところが、学校現場に入ってみると、長期間学校に行っていない子どもたちが多いことを知った。そして、その中には家から一歩も出ず、家族以外とはまったく顔を合わせない子どもたちがいるということを知らされた。親も学校側も、そうした子どもたちにどのように関わればいいのか分からず苦慮していた。だから、僕は不登校で引きこもっている子どもたちとも関わることにした。

簡単に関わることにしたと書いたが、僕はそれまで引きこもっている子どもと1人も会ったことはなかった。それどころか、不登校の子どもとだって接したことはなかった。いやいや、もっというと、関心を抱いていたヤンキーな子どもたちとも接触する機会はなかった。それで、よくスクールソーシャルワーカーを名乗って子どもたちと関わると言えたものだと、今では思う。教育委員会は、市での新しい取り組みを広報するために、4月早々に記者会見まで開いた。そこまで風呂敷を広げられて、活動がうまく機能しなかったとしたら、僕は単なる大ボラ吹きに過ぎなかったはずだ。だから、僕に相当なプレッシャーがかかっていても不思議はなかった。

しかし、だ。僕はあまりプレッシャーを感じていなかった。困難に直面している当事者である子どもたちと会ったこともなくて、ソーシャルワーカーとしての経験もなくて、それでもさして緊張はしていなかったのだ。それは、前章で述べたアメリカでの実習体験で得た教訓がしっかり身に染みこんでいたからだ。僕が一人前ではないとしても、関わる人々が僕をソーシャルワーカーにしてくれるという無邪気なほどまでの確信があったのだ。

子どもたちと直接関わるには、彼らの方から相談に来ることはまずないはずだから、僕の方から彼らがいるところ、つまり家庭へ出向くというスタイルをとることに決めた。それも考えてみると、大胆な話だ。荒れてツッパッている子どものところへ行ったり、誰とも会おうとしない子どもたちの家を訪ねたりしても、空振りに終わる確率が圧倒的に高いことは明らかだった。でも、そのことも、僕はあまり気にしなかった。

気にしていたのは、僕は子どもたちと出会い、それぞれが大切な存在なのだということをさまざまな形で伝えたいということだった。そんな僕の気持ちは、どうやって伝えれば通じるのかは分からなかったが、それはひとりひとりとの関わりの中で模索していくしかないと思っていた。たとえ子どもたちから拒絶されても、彼らの拒絶心を上回るだけの真摯な思いをどれだけ保ち続けることができるかが、僕に問われている課題だった。ひとりひとりに対する真摯で誠実な態度をブレることなく維持することができれば、きっと彼らとつながる道筋は見えてくるはずだと思っていた。

誰だって、心から自分のことを思ってもらえていることが分かれば悪い気持ちはしないものだ。いや、むしろ嬉しいはずだ。ただ、本当に思ってくれていると簡単に信じることはできないだろう。傷ついた経験が多ければ多いほど、人の好意は見せかけのものでしかないと疑うだろう。それは当然のことだ。多くの子どもたちが、「お前のためだ」とか「あなたにとってそうするのが一番いいのよ」などと言われて、結局その言葉に裏切られてきたはずだった。だから、僕は彼らに対してうわべだけ〝君たちのために〟などと言うようなことはしてはならないと考えていた。子どもたちは大人のウソを非常に敏感に察知するはずだから、子どもと関わることは自分の本質や本音を問われることだと考えていた。それまでの生き方では、安直でアバウトな判断を繰り返してきていたが、こと子どもとの関わりに関しては、僕は真剣で気合いが入っていた、と思う。

アメリカでの実習で、数人の子どもたちと関わった以外には経験がなかったのに、最初の年から

15人の子どもたちの家庭訪問をした。みんながみんないい関係を築けたわけではなかったが、幸いなことに子どもたちや保護者に受け入れられ、支えられ、何とかソーシャルワーカーにしてもらった。１９８６年から１９９８年までの12年間にわたって多くの子どもたちとの出会いがあり、そんな中で多くのことを学んだ。

専門性は刃《やいば》になることがある

学んだことのひとつは、専門家の危うさだ。関わった保護者たちは、僕が関わる前にどこかで相談をしていた人たちがほとんどだった。そんな人たちの中には、相談に行った先で専門家の言葉に傷ついたという例が少なくなかった。そんな経験があるから、中には「私は山下さんに会う前、どうせ今度も嫌なことを言われるに決まっていると思って、ぜんぜん信用していませんでした」と言った母親もいた。それでも僕に会うことにしたのは、担任教師に僕と会ってみるように勧められたので、断り切れずに渋々会ったというのだった。また、ある男の子は「俺は、山下さんと初めて会った時に、なんか変なことを言ったらぶん殴って部屋を飛び出していくつもりだったんだ」と言った。彼もまた、専門家に対する不信感、というより敵意さえ抱いていた。

〝専門家によって傷つけられた〟という言葉を耳にすることはやりきれないことだった。〝少しでも今の苦しさを軽くしたい、楽になりたい〟と思いながら専門家のところを訪ねたのに、そこでさらに厭《いや》な気持ちにさせられるというのは、相談をする人にとって何と不幸なことだろう。人と人との関わり合いだから、すれ違いやズレがないというわけにはいかない。だけど、傷つけられることだけはあってはならないと思った。専門家は、資格や知識と技量を有することによって、ある種の権威を身にまとっている。その権威はクライエントを下位の存在として位置づける作用があり、その権威を盾にして治療や指導をする。だから、関係としては強者と弱者としての構図になる。

専門性を背景にした言葉や態度は、したがって弱者の側からすると非常に重い。その重さが、クライエントを勇気づけたり励ましたりすることもあるが、ネガティブな方向に作動することが少なくない。だから、専門家は自分の言動の影響力を常に自覚しておかなくてはいけないのだと思う。にもかかわらず、安易にネガティブな決めつけをしたりすることが多いので、不幸な出会いになってしまうことになるのだ。僕が12年間の活動の中で、決して誰も傷つけることはなかったと断言することはできないが、少なくとも自分の危うさを自覚していた分、そのリスクは低かったといってもいいように思う。

この専門家のあり方についてはずっと気になっていたので、活動を10年くらい続けてきた頃には、クライエントを傷つけるような専門家にならないよう、対人援助を仕事として考え、学んでいる人たちにメッセージを伝える機会があるといいなと思うようになり、やがてソーシャルワークを学ぶ人たちの養成の道へ足を踏み入れることになった。

　活動を通して学んだことのもうひとつは、安直な判断をしないということだ。現代ではスピードが重視される。早期診断、早期解決、早期復帰、これらの言葉が頻繁に行き交う。例えば、子どもが引きこもって昼夜逆転していると、周囲はすぐに医療機関で受診することを考えたりする。だが、引きこもりや昼夜逆転は、ただそれだけで医療の介入を要するような現象だろうか？　決してそうではないはずだ。子どもたちが引きこもるには理由がある。昼夜逆転するには根拠がある。人は何の脈絡もなく、ある時からいつもと異なる行動をとるわけではない。周囲には理解できないかもしれないが、そこには言葉にすることができないような背景や理由があるはずなのだ。

　僕がソーシャルワークを学んだ中で大切にしていることのひとつは、〝人の行動に無意味なものはない〟ということだ。周りの人々にとっては意味がないと映るかもしれないが、当事者にとっては意味があるのだ。そのことを踏まえて人を見るならば、即断即決で判断をする、例えば医療機関での受診を勧めることが妥当かどうかは分かるだろう。

　昼夜逆転にしても、学校に行っていない子どもにとって、通常学校へ行く時間に家にいることは落ち着かないものだ。みんなが行っている時間に、自分だけがパジャマ姿でいることは後ろめたい気持ちにさえなる。だけど、放課後や深夜などは学校のことをそれほど意識しないですむから、気持ちも楽になる。特に、深夜には誰も自分の領分を侵す者はいないから、好きなことにも熱中することができる。だから、不安定になりがちな朝は寝ていた方が精神衛生上いいわけだ。そういった意味では、自分を保つための方法として、僕は理に適っていると思っている。それを薬で治そうなんてすると、かえって状態をこじらせてしまいかねない。引きこもりだって昼夜逆転だって、基本的には不安や怖れによって生じた現象なのだから、対応法は本人が落ち着いて過ごすことができるような条件を整えることに尽きると僕は考えてきた。ちなみに、昼夜逆転していた子どもたちと僕は何人も関わった。彼らは医療機関に関わることなく過ごしたが、そのことによって、その後の人生に支障があったという例を知らない。

さらに、一見すると奇異に思えて精神に異常をきたしたのではないかというような行動を子どもたちがすることがある。周囲の人間は、見たことのない行動であるため、これはおかしいと思い、すぐに精神科クリニックでの受診を勧める。僕たちの多くが医療を無邪気に信奉しており、医者のところへ行くと問題が解決すると考えているからだ。その結果、身体や精神に現れている状態にとらわれて、個々人の事情や理由を無視してしまうことになる。

僕が関わったある男の子は、面談中に突然立ち上がって部屋の中をぐるぐる歩き回ったり、両手で頭を抱えて何度も前後左右に振ったりするという行動をした。話している最中にいきなりそのような振る舞いをするものだから、最初は僕も面食らった。いつも同席していた母親は、何度かの面談の後、心配して「精神科に連れて行った方がいいでしょうか?」と僕に訊いた。僕は、「いや、そうしなくてもいいと思いますよ。今ソラ君（仮名）は、いろいろストレスを抱えているからああした行動をしているのであって、精神的に落ち着いてくればきっとなくなると思います」と答えた。

僕は、あまりはっきりした物言いをするタイプの人間ではないが、その時は比較的しっかりとした口調で母親に返事をした。僕がなぜ、その時にそのような言い方をしたのかというと、ソラ君との関わり全体を通して見た時に、彼が病的に精神的なバランスを崩しているとは思わなかったからだ。ソラ君は豊かな知識を有しており、社会問題や政治の問題についても彼なりの見解を持って僕に語ったし、生活の中で感じる事柄について語る内容にしても整合性はとれていると僕は思っていた。だから、彼の全体の一部が多少変わっていても（しかもその原因は、はっきりしている）、精神疾患を疑う必要はないはずだった。それなのに、もし精神科のクリニックなどへ行けば、表面的な行動だけが着目されることになり、何らかの病名をつけられて医療行為の対象者として位置づけられることになったのではないかと思う。

ただし、似たような行動をするすべての子どもに対して、僕はソラ君の母親に言ったようなことを言うことはできない。ソラ君と同じ時間を継続的に過ごし、彼をよく知ったことによって初めて言えたことである。昼夜逆転やソラ君の行動にしろ、世間一般で受け入れられる行動の枠から外れているからといって、即座に異常性を疑ったりするのではなく、まずは相手を深く知ろうとすることが大切ではないかと僕は思う。そのことは、昨今頻繁に取りざたされる、発達障がいのレッテルを貼られた子どもたちのことを考えた時に、ことさらに強く思う。

子どもたちの柔らかさに助けられた

子どもたちの柔軟さも活動を通して学んだことのひとつだ。僕は、ヤンキーな子どもたちと、引きこもっている子どもたちの家庭訪問を中心に活動をしていたと先に述べた。そのような子どもたちの家を訪問したといってしまえばそれだけのことだが、ヤンキーな子どもや引きこもっている子どもの家を訪ねても、彼らにとって僕は招かざる存在だ。そもそも、ヤンキーな子たちが見も知らない大人に突然会うように言われても、その気になるはずがない。ただでさえ、大人たちの偉そうな説教にはうんざりしているのに、家にまでやってきて関わろうとするなんてウザイこと限りないはずだ。また、引きこもっている子どもたちにしても、誰とも会いたくないから自分の部屋の中に身を潜めているのに、わざわざ家にまで押しかけて来られるなんて恐怖以外の何ものでもないから、知らない人間に会うなんてことは、できるはずがない。

子どもたちのそんな気持ちを推しはかることができるだけに、僕は自分のしていることに確信が持てなかった。本当に、押しつけがましいことをしていると思うことも少なくなかった。それでも、あえて家庭を訪問するというスタイルをとったのは、人と人とのつながりの意味を強く意識してのことだった。他人に対して不信感や怖れを抱きながら生き続けることは、彼・彼女の人生を厳しい道のりにしてしまう。誰かとのつながりがあれば、そのつながりの中でなんとかやっていくことができる。だから、閉ざしている心の扉をノックして、人との関係へのきっかけとなることを願っていた。おせっかいなことだけど、孤立している子どもに誰も関心を示すことなく見過ごすよりはましかなと、自分に言い訳をしながらの活動だった。ただ、おせっかいが過度にならないようにということは気をつけた。彼らの領域に土足で入り込むようなことはしないで、彼らが僕を受け入れてくれるまで待つという姿勢を保ち続けるように務めた。

家庭訪問による相談活動をすることについては、事前に家族側からの承諾を得ることを前提としていた。親は、子どもの意思とは無縁に直接会ってほしいと考えるケースが少なくなかったが、子どもとの関係の取り方は僕に一任してほしいと伝えていた。決して無理矢理に会わせるようなことはしないでほしいと頼んだうえで、しかるべき日と時間に訪ねるのだが、新しく担当することになった男の子の家を訪ねた時のことだ。玄関のチャイムを押したところ、しばらくしてから母親が明るい声で「はーい、しばらく待ってください」と返事をするのが聞こえた。声がした後、しばらく何の反応もなかったので不審に思っていたところ、「山下さん、どうぞ上がってきてください。いま子どもが会うと言ってますから」と2階の方から声がした。

初めての家庭訪問なので、挨拶もせずに靴を脱いで家の中に上がっていくのはためらわれたのだが、母親の勧めに応じて僕は彼がいると思《おぼ》しき部屋へと上がっていった。階段を上がったところが彼の部屋だった。ドアは開いていた。だから、中の様子がよく見えた。なんと、そこでは母親と男の子が取っ組み合っていたのだ。僕はまずい場面に出くわしたなと思ったのだが、母親はそんな状況ながらも僕の方を見ながら笑顔で「ちょっと待ってくださいね。この子すぐに落ち着きますから」と言った。しかし、彼は落ち着くどころか、僕が部屋に入っていくと、部屋の窓から屋根に上って行ってしまった。

初対面がそのような形になってしまったことは、非常にまずいと思った。彼にとって、僕はとてもネガティブな存在としてインプットされてしまっただろうから、会えるようにはならないかもしれない、もし会えるとしても彼が安心して話ができるようになるまでにはかなり時間がかかるだろうと思って愕然《がくぜん》とした。だけど、僕は母親を責めようという気持ちにはならなかった。どうすればいいのか分からなかったために、何とかして会わせようとしたのだろうから、その気持ちを汲んで、それから一緒にやり方を模索していくしかないのだと思った。幸いにして、男の子と母親の日頃の関係は悪くなかったし、母親の持ち前の明るさもあって、彼は僕の訪問を受け入れるようになったのだが、訪問による相談の難しさを考えさせるエピソードとして僕の記憶に残っている。

無理矢理には会おうとしなかったことで、長い間会えないこともあった。1年以上も訪問を続けて、やっと会ってもらえるようになった子どもたちも何人かいた。僕の方は、子どもたちに受け入れてもらえるまで、ある程度の時間がかかるということは想定ずみだったのでよかったのだが、家族（ほぼすべて母親）の期待には応えていることにならないので、僕の訪問に意味を感じられなくなるのではないかという懸念があった。だから、僕は最初の面談で「お母さん、私に飽きないでくださいね。お子さんが会わなくても、私は続けて訪ねてきますのでね。お母さんに飽きられてしまうと、私はお手上げ状態になってしまいますから……」と伝えることがあった。実際は、子どもと会えない間は母親の気持ちが少しでも楽になってもらうように話をする機会となるので、子どもに会えないからといって、訪問に意味がないということでもなかった。

僕に相談したいという動機がない子たちとばかり関わったのだが、もし子どもたちが僕を受け入れないというケースが、例えば半分以上だったとしたら、僕の相談活動は効果がないとして、非常勤の短期契約は途中で打ち切られていただろう。だが、12年間もの間非常勤の契約を更新することができたのは、多くの子どもたちが僕との関係を受け入れてくれた結果だと思う。僕は、子どもたちの柔軟性に本当に救われてきたのだった。僕だったら、自分が傷ついて人を信じることができない時に、誰かが近寄ってきても身を固くして縮こまるか、背中を向けてうずくまるだけだっただろう。でも、彼・彼女らの多くが、年の離れたオジさんを受け入れてくれた。辛い状態にある時にでさえ、人を受け入れるという柔軟性は彼らの力でもあり、それがあったからこそやがて次のステップへと足を踏み出していくことができたのだと思う。

保護者のチカラにも

子どもたちの柔軟性ばかり強調したが、保護者の柔軟性も僕の活動を支えてくれた原動力のひとつだ。家庭訪問を承諾したとはいえ、見も知らない人間が、ある時を境にしてかなりの頻度で家を訪ねてくるのだから、ある意味、家庭の均衡状態が破られることになる。そういうことがあるにもかかわらず、ほとんどの保護者が僕を受け容れて、パートナーとして共に状況の改善に向けて歩んでくれた。前述したように、僕のやり方はゆっくりしていた。1年以上も家庭訪問を続けていても、子どもがさして変化したと思えないことも少なくなかった。それでも、（内心は分からないが）何も言わずに僕の訪問を受け容れてくれた保護者がほとんどであった。中学3年生ともなると、卒業後の進路のことを思うと心穏やかでいることは難しかっただろう。それでも、焦りを訴えてきた保護者はいなかったように思う。保護者が、僕のそんなやり方に不満を抱いていたら、僕は自由に自分のスタイルを維持することができなかったに違いない。

僕は、学校や教育委員会とは対立しないようにして活動を続けていた。不登校の子どもたちを学校復帰させる姿勢が欠けていたり、ツッパッている子どもたちの側に立って教員たちと向かい合うことが常だったので、ずいぶん陰口は叩かれていたはずだ。中には、通常だったら聞き捨てならない言葉を投げかけてきた教師も1人ならずいた。でも、僕は何も反論しなかった。ケンカのような状態になってしまったら、究極のマイノリティである僕が辞めさせられるに決まっていたからだ。僕は辞めてはいけないと思っていた。僕が辞めてしまったら、子どもたちの側に立って行動する人間がいなくなってしまうから、踏ん張り続ける必要があると思っていた（実際には、教員の中にも子どもたちのためを思って奮闘していた人たちはいたけどね）。

そんなふうに波風を立てないようにしていたが、活動を終える前年には教育委員会と対決することになった。詳しいことはここでは述べないが、教育委員会が僕との約束を破って契約を打ち切ると言ってきたので、そのことに抗議をしたのだった。当時の教育長は他市から着任して、僕の活動のこともよく知らずに簡単に契約を終えることができると判断したのだろう。だが、僕には関わり合いを持っている子どもたちがいたから、辞めろと言われて、はいそうですかと素直に引き下がるわけにはいかなかったのだ（僕が活動していた間に3人の教育長が代わったが、他の2人は僕の活動を理解し、支援してくれたということはつけ加えておく）。

教育委員会と話し合ってもなかなかラチがあかないので、僕は関わっている子どもたちの保護者に事情を説明した。そうしたら、その保護者たちがかつて担当していた子の親たちにも声かけをして、大挙して教育委員会に乗り込み、僕との契約を継続するようにと要求した。教育長がいろよい返答をしなかったので、次には市長に面会して同じ要求をした。これには僕もびっくりした。そのおかげで、僕の契約は延長された。

僕の活動に何か誇れることがあるとすれば、一介のソーシャルワーカーに過ぎなかった僕のために、幾人もの保護者たちが、普段はまったく無縁な存在である教育長や市長にまで会いに行ってくれたことは、紛れもなくそのことだ。子どもたちのことばかり記していたので、保護者のチカラにも触れておきたいと思って、このエピソードに触れた次第だ。

3. 成功者としての子どもたち

星飛雄馬《ひゅうま》の父親かぁ!?

僕は、24歳で結婚して、26歳で父親になった。父親になったといっても、実体が伴わない親だった。写真家を目指して、先行きにまだ何の見通しもなく、生活も極貧といっていいような状態だった。しかも、自分の父親に対する葛藤を抱えていて精神的にはかなり不安定だった。だから、自分のような欠陥人間が、子どもを持ってはいけないのではないかとさえ思っていた。そんな、まったく頼りない親としてのすべり出しだった。

精神的な不安定さと連動するかのように、転職を繰り返した。長子（男の子）が生まれて1年が過ぎた頃、カメラマンの道を断念し、庭師になることを目指して造園会社に勤め始めた。何とも脈絡のない転職だったが、パートIIで述べたように、東京ではなくて自然が豊かな環境で子育てをしたいという思いがあり、田舎暮らしであっても植木屋の仕事はあるだろうと目論んでのことだった。

気持ちも行動も、もちろん経済状態も不安定な青年だったものの、もともとどういうわけか子どもが好きだったので、生活面では頼りなくはあったが、育児には進んで関わった。ミルクを飲ませたり、風呂に入れたりすることは、義務感ではなく喜んでやった。特に、写真をやっていた頃は、仕事がなくて家にいることが多かったので、子どもと関わる時間は十分にあったのだ。後年、娘が生まれた時は、三重県の山の中暮らしだったのだが、夫婦2人だけで育てた。そのことは、少しも負担ではなかった。むしろ、日々の成長の様子を見ることが楽しみだった。

ただ、積極的に子育てに関わったとはいえ、60年代後半に学生時代を送って、やけに理屈っぽさを身につけてしまい、子どもを対等な存在としてみなして対応しなくてはという観念にとらわれて、彼らが言葉を話すようになると、行動にいちいち説明を求めていた。何か注意をするにしても理由を訊き、それに答えることができないと詰問、それから叱責になることも再三だった。精神の不安定さが、感情を激化させる誘因になっていたのだった。子どもの方からすれば、訳も分からないことで叱られ、ただただ怖くて為《な》す術もなかっただろうと思う。ある時、僕の仲間が若かりし頃の娘に、「お父さんはどんな父親だったの？」と尋ねたことがあった。その時娘は「星飛雄馬の父親みたいな感じです」と答えた。仲間は具体的なイメージを描けずに、「どうして？」と重ねて問いかけた。すると彼女は「怒ると、ちゃぶ台をひっくり返す感じです」と答えた。それを聞いて、僕はビックリした。自分では、いい父親とはいえないかもしれないが、もう少しマイルドな感じじゃないかと思っていたが、子どもたちからすると、まぁそれくらい激しいオヤジだったということだ。

ソーシャルワークを学ぶようになって、自分がいかにダメオヤジだったかを認識させられたのだが、僕は自分がどんなにダメなヤツであっても、わが子どもたちのことを大切に思っているということには揺るぎがなかった。不安定でストレスに弱い人間ではあったが、子どもたちがいて面倒だとか、いなければよかったなどということは一瞬も思ったことはなかった。むしろ、厳しく叱っている時でさえ、僕の子として存在していてくれることには感謝の気持ちを抱いていた。その点だけでも考慮して勘弁してもらえるかなと、身勝手ながら思っていた頃もあった。

未熟な人間が子育てに関わるのだから危なっかしい面があったことは否めないが、僕はわが子たちとの触れ合いを通して親として育てられていったと思っていたし、今も思い続けている。だから、彼らがまだ小さい頃に、子どもたちから「ありがとう」と言われるようなことをした時など、「こっちの方が世話になってるから」なんて言葉を返したりすることがあった。子どもを叱った後は落ち込んだりしていたが、特に息子は性格がおっとりしていたため、叱られてもしばらくすると、何ごともなかったかのように僕の方に歩み寄ってきていた。そうした反応に、僕はずいぶん救われた。子どもの包容力のおかげで、急速にとはいかないが、次第に父親としての感情と意識を育まれていったのだと思っている。

頼りない父親ではあったが、子育てに関して願いがあった。それは、とにかく生き長らえてほしいということだった。どんなことがあっても、親より先に死ぬようなことはあってほしくないという願いだった。この願いをいつも抱き続けていたことで、多くのことを求めすぎないでいることができた。今現在彼らが生きている事実があるということは、僕の願いは達成されているのだから、それ以外のことは、さほど大きなことではない。勉強のこととか、運動ができるとかできないとかということは、さして気にすることはなかった。生きているという現実を積み重ねていくことができれば、それに優《まさ》ることはないと思っていたのだ。

そんなダメオヤジが、スクールソーシャルワーカーになって他人の子育てに関与（干渉？）するようになったのだから可笑《おか》しな話だ。自分のことはさておいて、他人のことはああだこうだと言えるからね、という皮肉も聞こえてきそうな気がするが、僕はどこから見ても立派な親ではなかったからこそ、他人様の子育てのプロセスに関わることには意味があったという気がする。それは、他者の子育てに対して、否定的な眼差しを向けることがなかったからだ。褒められた親ではないがゆえに、上から目線ではなくて同じところに立って、感情や生き方に共感することができたように思う。

迷走まっただ中の頃に三重県の山奥で（1977 年）

聞き届けられない声

親の子育てを否定する考えはなかったが、子どもに対する関わり方には異論を唱えたくなるような場面はあった。そんな言い方をしたら子どもが凹《へこ》んでしまうでしょうとか、腹を立てるでしょうと言いたくなることもあった。親によっては、僕が同席していることに意を強くしてか、子どもの面前で僕に彼・彼女の非を訴えることもあった。そんな時には、親と同じ立場に立たないようにした。僕は、親子が対立する場面では、無条件に子どもの側に立つと決めていた。たとえ、子どもの言動が理不尽に思えたとしても、だ。なぜなら、子どもは親子関係においては、絶対的な弱者だからだ。僕は常に、弱い立場にある者の側に寄り添うことを自らのポリシーにしていた。だから、学校と保護者が対立的な状態になった場合は、保護者の側に立つとしていた。弱者の側に立つといっても、僕自身が対立的な姿勢を前面に出して向かい合うということではない。そういう心づもりでいたということだ。

まぁ、とにかく親の言葉を鵜呑《うの》みにはせず、子どもが持っているよさやチカラを列挙して（ソーシャルワークでいうストレングス指向というヤツだ）、少しでも親にポジティブな見方をしてもらうように努めた。親が口うるさかったり、厳しかったりするのは、根底にわが子を思う気持ちがあってのことだから、自分の子どものいいところを挙げられると嬉しいはずだという考えもあった。

子どもたちと関わっていると、彼らの中には、親に向かって「何で俺（ワタシ）を産んだんだ！」と言い放つ子どももいたし、「自分なんか、生まれてこなければよかった」と洩《も》らす子どもたちもいた。子どもたちが発するそれらの言葉は、耳にすることが本当に辛かった。生まれてから、まだ十数年にしかならない若者が、人生を儚んで厭世《えんせい》的な言葉を発することは悲しいことだ。生きていれば当然のことながら、辛いことや苦しいことがある。それでも、僕は生まれてきたことを呪ってほしくはなかった。「生きていれば、そのうちにきっといいこともあるさ」などと根拠のない気休めなどは言いたくなかったが、関わり合いの中で、生きることがそんなに悪いことばかりじゃないという実感を持ってもらいたいと願った。だから、僕の支援の目的は、その実感を彼・彼女と共に探し続けることだったといってもいい。

実感探しの過程では、子どもたちが自分の感情や意思を理解されることなく、いや察知すらされることなく、大人の考えを押しつけられる場面に数え切れないくらい遭遇してきた。大人の審判とでもいえるような断定的な決めつけや、まるで設計図面が描かれているかのように詳細な人生プランの押しつけなどに打ちひしがれて自暴自棄になったり、身動きがとれなくなって部屋の中に引きこもってしまったりした子どもたちがいた。そんな状況にあって、彼らが不満や違和感を声に出して表明できればいいのだが、圧倒的な力の差の前では沈黙するか、あるいは行動に出るしかなかった。そうした、言葉にならない声は黙殺されるだけだった。声に耳を傾けてもらいたいという切実なニーズは、抑圧された挙げ句に思わぬ形で発露されることになる。

そのことを象徴的に表すできごとを思い出す。ある時、夜中に電話がかかってきて、子ども（男の子）が金属バットを持って父親を殴ろうとしているという、母親からのただならない訴えがあった。急いで家に駆けつけてみると、子どもがバットを手にして父親を追い回していた。電話を受けてから到着するまでに20分はあったと思うが、危ない状態がその間続いていたということだ。部屋の中に入ると、僕はすぐに彼と父親の間に立って、バットを渡すように促した。すると、彼は素直に応じた。ところが、バットが僕の手に渡ったのを見て、父親は勢いを得たかのように子どもをなじり始めた。そのため、いったん落ち着いていた男の子は、今度はキッチンにあった包丁を持ち出してきて、父親の方へ向かった。その時はさすがに焦ったものの、彼が僕を刺すことはないだろうと腹をくくって、彼の前に立って包丁を僕に渡すように伝えた。今度は素直には応じず、しばらく説得してやっとのことで彼は包丁を手放した。

父親は、ふだんまったく子どもとは関わることなく仕事に明け暮れていた。それでいながら、たまに顔を合わせると口やかましく説教するものだから、その日に男の子の我慢が臨界点に達して、父親に対して攻撃的な行動に出たのだった。僕が駆けつけた時も、父親は親としての威厳を示そうとしてか、逃げ回りながらも男の子を責め立てていた。僕は、そんな言い方をすると怒りに油を注ぐようなものだから、「お父さん、とにかく今は何も言わないで、別の部屋に行ってください」と懇願した。よそ者の僕に言われて、それに従ったら親としての対面が保てないと思ってか、父親が僕の助言をなかなか受け入れてくれず困ったが、最終的には直接的な暴力が行使されなくてすんで、胸を撫《な》で下ろした。子どもの差し迫った気持ちにまったく配慮することができないために、事態が悪化する方向に進んだという例だが、似たようなことは相談活動においても、居場所活動においてもあった。

こうしたできごとは、子どもと大人との関係性の乖離《かいり》を象徴的に表す例だと思う。子どもが必死になって、自分の胸の中の切実な思いをさまざまな形で表現しているのにもかかわらず、大人はその真意を汲みとろうとはせず、表面的な行動にのみ注意を向けて、それらを正そうとする。近年は、子どもと真剣に向かい合うことをせずに、特に学校では、すぐに医療機関を受診させ、治療によって変容させようという傾向が強い。子どもたちの叫びはいつまでも聞き届けられることはなく、状況は改善されることがないままだ。

この図式は、増加の一途を辿っている不登校問題に関する施策についても見られることだ。学校へ行かないという選択をした子どもたちのニーズに真剣に向き合うことをせず、不登校という現象にのみ焦点を当て、それをどう解決（子どもたちを学校に行かせること）するかにばかり労力を費やしている教育行政のあり方と同じことがいえる。20万人を超える膨大な数の子どもたちが突きつけ続けている刃を無視して、解決をいくら叫んでも、刃は懐《ふところ》に収められることなく、大人たちに向かって突きつけ続けられていくことになるだけだと思う。大人たちは、家庭であれ学校であれ、本当にもっと真摯に子どもたちの声（声にならない声も）に耳を傾けてほしいと思う。大人だって、自分自身が自分の思いや行動を受け止めてもらえない時には、間違いなく不満を抱くはずだ。逆に、肯定され受け止められれば安心や満足感を覚えるはずだ。ことはシンプルなのに、なぜだか至るところにギャップだのズレだの、対立が満ちあふれている。これは、大人側の怠慢《たいまん》だといえる。

わが国で子どもの権利条約が批准されたのは１９９４年のことだ。それから、もう少しで30年になる。でもその中に定められている意見表明権など、多くの大人たちにとってはまったくの異世界のことだとしか受け止められていない気がする。というよりも、そもそものような権利が保障されていることを知らないというのが現実なのだろう。

反抗期ってアリ？

子どもの気持ちとのミスマッチが続けば、子どもの欲求不満が蓄積し、大人からすれば反抗的な言動が繰り返されることになるのは避けられないだろう。例えば、心身の成長が著しく、さまざまな物ごとにチャレンジしたいという欲求が旺盛な３～４歳の時期に、親は危ないからダメだとか、言うことを聞きなさい、とやたら支配的な関わり方をすることが多いし、思春期になって自分自身の世界を築き上げようという自立心が旺盛になってきた年頃に、一方的に意見を押しつけたり、指示や命令をし続けたりすれば、子どもたちは当然不満や怒りをため込み、やがて爆発させる。そうした子どもたち側の事情を理解しようとはせず、「ウチの子は、今反抗期で手を焼いている」とか、場合によっては「反抗期がないのはダメ」などといった会話が交わされたりする。反抗期というのは、子どもの成長にあたかも不可欠なものとして位置づけられている。

だが僕は、反抗期をあるべきモノとして受け止めることはできない。大人がそのようなことを信じているとすれば、それは大人側の怠慢だとさえ思っている。子どもたちが自分の思いを口にしたり、自らの意志で行動したりするという衝動が強い年頃だということを認識し、それを封じ込めてしまうことをしないで、ひとつひとつの言動に誠実に向き合うことがまずはなされるべきことだと思う。それをせずして、大人の意向に従わないといって、子どもが反抗期だから手が焼けると嘆くのは、どう考えても納得がいかないのだ。子どもたちは、発しているメッセージをちゃんと受け止めてもらえるならば、「イヤダ、イヤダ！」とか、「クソババァ！」なんてことを口にし続けることはないだろう。

ここでつけ加えておかなくてはいけないのが、僕は親子間で衝突があってはいけないと言っているのではない。親と子とは、当たり前のこと過ぎるが別人だ。だから、意見の相違は当然あるし、特定のことを巡って対立することもあるだろう。僕は、そうしたことがあってはいけないとは考えていない。むしろ、トラブルがあるのはあって当たり前だと思う。問題は、トラブルがあった時のことだ。大抵の場合は、子どもの声が力で封じ込められ、常に敗者の側に追いやられるという結果になることであり、それがよくないと言っているのだ。大人の側が、常に正しいわけではない。間違っていることだってある。その時には、率直に過ちを認めたり、謝ったりすることが必要だと思っている。そうすれば、長期にわたって親に反抗する言動を続ける理由はなくなるはずだ。つまるところ、僕は反抗期というのは、子どもの側からすると、親が子どものニーズを理解できない時期なのだと考えている。

反抗期なんてなくてもいいというような意味合いのことを書くと、どこからか「じゃあ、お前の子育てはどうだったんだよっ！」と問われそうだなぁ。僕の2人の子どもは、もうとっくに成人しているが、彼らが子どもの頃を振り返ってみて、反抗期があったとは思えない。先ほど触れたように、衝突がなかったわけではない。でも、2人とも僕ら夫婦に対して、斜めに構えて攻撃的な態度をとり続けたことはなかった。

子どもから繰り返されるとげとげしい言動に、疲労困憊《ひろうこんぱい》しているという話は珍しくない。疲弊して、どこかへ逃げ出したいという言葉も身近で聞いたことがある。だけど、わが家では僕も妻も、子育てに関して、そんな気持ちを抱いたことはなかった。僕が未熟な親だったことは、繰り返し触れた。変に理屈っぽくって、子どもたちからすれば、けっこう厄介な親だっただろう。しかし、子どもたちが荒れたりすることがなかったのは、彼らの個性が関係していた面もあるだろうが、妻の子どもたちに対する態度によるところが大きかったと思う。

妻は、子どもたちが小さい頃から、上から目線で関わることはほとんどなく、彼らと対等な関係で接した。頭ごなしに叱ったりすることもなく、学校に通うようになってからも勉強しなさいなどと言うことはなかった。たまにはもう少し厳しい態度をとってもいいんじゃないか、と僕が口出ししたこともあったが、彼女の関係の取り方は変わらなかった。気持ちを抑えつけられたりすることなく、対等に接せられる子どもの側からすると、不満や不平は蓄積されにくいから、「クソババァ!」なんて言葉を口にする衝動が湧いてくることもなかったのだと思う。

ユタ州での留学時代（1984年）

そうしたやり方を、妻が特定の子育て観とか教育観に基づいてやっていたかというと、そうではなくて、まったくの自然流だった。一緒に暮らす中で、子どものことを見下さないで対等な態度で接する彼女を見ていて、僕もこんな母親に育てられたかったと再三思ったものだ。そう書くと、まるでいいところだらけの聖女みたいだが、もちろん当たり前だけど、短所や欠点はあった。たとえそうではあっても、「子育てが大変だと思ったことはない」と言い切っていた妻には、一目も二目も置かざるを得なかった。子どもたちの側からはまた別のストーリーがあるだろうが、彼女のおかげで子育てに関しては楽をさせてもらってきた。

子育ての失敗ってアリ?

親が、「自分の老後の面倒はわが子に見てもらう」と言うのを耳にすることがある。僕は、そんな言葉を聞く度に、自分の心性《しんせい》とは大きな隔たりを感じてきた。僕は、どんなに身体が弱っても、子どもたちの世話になりたいと思ったことはないし、これからも思わないだろう。別に、彼らとの関係が悪いわけではない。そうではなくて、僕は子どもたちには僕の子どもとして存在してくれたということに感謝し、十分に世話になったと思っているから、それ以上のことをしてもらいたいとは思わないのだ。

僕も妻も、彼らの進学や就職、結婚などに関して口出しはしなかった。彼らが自ら選択したことを尊重したいと思ってきた。自分が、何をすればいいのか散々迷いながら試行錯誤を繰り返してきたので、彼らにはやりたいことがあれば、それをやり続けてほしいということが願いだった。彼らの年収や社会的なステータスなど、僕にとってはどうだっていいのだ。どんなに年収があっても、社会的なステータスが高くても、本人の気持ちとやっていることの間にギャップがあって、悩んだり苦しんだりしたとしたら、それはどうでもいいことだとは思わなかっただろう。幸いに、2人ともそれこそ収入や社会的ステータスがあるとはいえないが、好きな仕事を続けているので、僕としてはOKだと思っている。

僕の子育て観というのは、まぁそんなところだ。転職や転居を繰り返したことについて、子どもたちを犠牲にしていると非難した人たちもいた。僕は、決して自分のために彼らを犠牲にしたとは思っていない。波に揺られながらも、一緒に航海を続けた。その航海を2人の子どもたちは迷惑だったなんて思ってはいないはずだ。安定性に欠けた航路だったが、彼らもそれなりに愉しんだと思う。そして、その過程で自分がやりたいことを見つけ出し、現在の生活につなげている。

子育ての成功とか失敗などについて話題にされることがあるが、何を指して成功というのか、あるいは失敗というのか僕は分からない。僕は自分の子育てについて、失敗だったとは、自分のためにも子どもたちのためにも断固として言いたくない。もし、本人の気持ちとは関係なく、親の期待や世間体を基準にして判断し、それに達しなければ失敗だとされるとすれば、悲しいことだ。期待に添う形で成長した子どもは成功で、期待通りに成長しなかった子どもは失敗だとするとしたら、親の側のずいぶん身勝手な評価だと思う。

そういった意味では、僕の場合は世間並みの期待ではなく、生き続けることを基準にしたので、その期待は瞬間ごとに果たされていたから、成功した子育てと言えるが、そもそも、子育てに失敗などあるのだろうかと思う。生きている存在が、失敗であろうはずがないのだ。37兆もあるといわれる細胞を有機的に機能させながら生きている僕たちは、瞬間ごとに奇跡を実現している存在だ。だから、世のすべての人々が成功者としてこの世に存在していると僕は思っている。そう思うからこそ、親には子育てに失敗したなどとは言ってほしくない。誰でも何をやっても上手くいかず、劣等感に苛まれることもあるだろうし、他者との関係に傷つき自分の価値などないと自己嫌悪に陥ることもあるだろう。でも、だからといって失敗の人生を歩んでいるとはいえない。すべてのことが、生きていることの証しとしてあるのであり、かけがえのないことなのだ。

4. 評価の時代に

評価って疚《やま》しいモノだ

今は評価が非常に重要視される時代だ。何か事業をやれば事業評価、個人の場合は業績評価と、僕たちは何かにつけて他者の評価という洗礼を受けなくてはならない。大学の教員をやっていた頃は教員評価を受けていたし、学生の成績評価は教員の重要な業務の一部だった。僕はこの成績評価という作業がイヤで仕方がなかった。煩雑で面倒臭いプロセスが嫌いといった怠け心から前向きな気持ちになれなかったという側面も皆無とはいえないが、それ以上にそもそも他者を評価するという行為にどうしても馴染めなかったのだ。授業の中では人間の平等性や可能性に焦点を当てたアプローチの重要性を説いておきながら、テストでは自分の思惑で作成した問題に、文字数や時間制限を加えたうえで回答を求め、それに対して僕がAだのBだの、はては不合格のDをつけて（実際にはDはつけなかった）選別したりするのは傲慢なような気がしてならなかった。

答案用紙に書かれた回答は一定の理解度を示すことは間違いがないが、でももっと時間があればうまく答えることができたり、文字ではなくて口頭であれば的確に答えることができたり、表現手段にオプションがあれば理解度を示すことができる学生もいるだろう。与えられた条件下で無難に回答ができる者は高評価を受け、まして、レポート課題など、成績をつける側の感度や理解度なども評価に影響することを考えるならば、一律に細い尺度で判断されたことが、その学生の評価として記録に残されていくのはヤバいことではないかと思うのだ。それでも、成績評価はしないと宣言するほどの気の強さはなかったし、それをしなければ仕事を失うことにもなりかねなかったので、不承不承、成績はつけていた。だから成績のつけ方には留意をして、少しでも自分なりに許容できる成績評価ラインを保つようにしていた。現在は、成績評価の分布が細かく決められていて、A+は全体の何パーセントで、Aは○パーセント、Bは、Cはとまで定められたりしていて、何ともバカバカしい限りだと感じつつも、それに従っている自分に嫌悪感を覚えたりして、成績評価は精神衛生上よろしくなかった。細かい指示がなかった頃は、僕は全員同じ評価にすることがあった。それはそれでなかなか居心地がいいものではなかったけどね。

いずれにしても、評価という営為はややこしいものだと思う。あってはいけないとまでは思わないが、何かにつけて人を評価するということは、人と人を分けることであり、それが無自覚に推し進められるとすれば、区別を越えて差別へとつながりかねないと思う。子どもたちの世界に蔓延《まんえん》するいじめや、社会における排他的な言動の広がりには、評価主義や成果主義の影響が少なからずあるのではないかと思う。

現在は仕事を引退して、どこにも所属しないで生活しているのだが、こうした生活をしていて気持ちが楽なのは、他者を評価するという営為や、自分が他者から評価される局面がないということだ。２０１８年からは、自宅を利用して月一度の少人数制で宿泊型の研修を実施しているが、そこでの学びのよさは評価が介在しないということだ。評価があるとすれば、参加した人が自らするのであり、講師役の僕は誰がもっともよく学んで、他の人は学びが今ひとつ足りなかったなどという判断はしない。研修を続けてみて、評価から解き放たれた状況における学びは、学びを軽やかで伸びやかにするように思える。言い換えると、学びが愉しいプロセスになる気がする。したがって、学びがより深くできるようにも思える。

僕たちは、幼い頃から絶えず評価とセットで学びを強いられてきた。その結果がどうだったかというと、学びのプロセスは退屈だったり苦痛だったりする経験としてインプットされている気がする。悪くすると、子どもたちに劣等感を植えつける機会にさえなっているように思う。ちゃんとしたデータを目にしたことはないが、学校教育において自信や意欲を高めることができた子どもと、挫折感や劣等感を植えつけられた子どもたちの割合を比較すると、圧倒的に後者の方が多いのではないだろうか。そのことを思うと、学校教育から評価という物差しを極力減らすことが、子どもたちの活力を引き出す鍵になるような気がする。

制約のない語りの大切さ

自宅でやっている修復的対話の宿泊型研修では、必ずＲＪサークルというものについて学ぶ。ＲＪサークルというのは、修復的な考え方に基づいた話し合いのスタイルで、平和的で調和的な人間関係を築くことを目的としている。そこでは語られた言葉の中身を評価しないということが大事にされている。その約束ごとは、学校でＲＪサークルをやる時には大きな意味を有することをいつも実感する。

子どもたちは、何か言葉を発する時には、自分が心から語りたいことではなくて、周囲に受け入れられるよう言葉を自分の頭の中で編集して語る癖がついている。特に学校では、教師が期待している言葉を発する。本心は胸の裡《うち》にしまい込んだままなのだ。そんなことだから、人前で語ることは少しも楽しい体験としてインプットされていない。なので、ＲＪサークルをやると、最初は男の子たちに顕著に見られるのだが、問いかけに答えずパスをすることが少なくない。ふだんの生活において、語ることが快適だと実感する機会がなく育ってきたとすれば、口をつぐんでしまうのは致し方ないだろう。

東京都内中学校での RJ サークル

だから、ＲＪサークルでは、他人さえ攻撃したり非難したりしない限り、語る内容を評価することはないと最初に伝える。だがそう伝えても、最初は疑心暗鬼で信じてもらえない。発言の機会が回ってきても尻込みして、「こんなこと喋っていいの？」などと言って、自分の気持ちを吐露するのを躊躇《ためら》うことが多い。

　ところが、自由に思っていることを語る機会を保障されて、実際に語ったあとでは、多くの子どもたちが「話をすることが気持ちよかった」とか、「楽しかった」「またやりたい」などという感想を寄せてくれる。日本人は自分の気持ちを表現するのが苦手だとか、あまり話をしないとかよくいわれる。だから、修復的なアプローチは日本人には不向きで浸透しないという人たちもいる。だが、決してそんなことはない。評価などいろんな制約がない条件下では、子どもも大人もよく語る。サークル後に書いてもらうアンケートで、語り合いに関する肯定的な感想を読むたびに、評価というものが子どもたちの心にブレーキをかけていることを実感しないではいられない。

評価という足枷《あしかせ》が自由さや闊達《かったつ》さを奪うことは、語り合いの場に限らず、生活の至る場面で見受けられる。成果主義の牙城《がじょう》ともいえる企業においては、評価＝結果がすべてであるかのように考えられがちだ。いい評価がなければ業績は上がらず、会社は衰退するし、社員のレベルも劣化していくばかりだと考えられるだろう。だが、かならずしもそうとはいえない。愛知県に樹研工業という歯車を生産する会社がある。この会社は100万分の1ミリの歯車を生産しており、世界中によく知られた会社だということだ。この会社では、社員の新規採用は先着順だそうだ。入社試験といった評価システムはとっていないのだ。入社してからも、人事評価などを行わず、とにかく各個人が持っている顕在的&潜在的な力を発揮できるような環境を整えている。そういったやり方で不都合があるわけではなくて、逆にそうした方法により、最初は右も左も分からなかった多くの社員が、後では有能さを発揮することになり、会社が順調に運営されているようだ。この会社のことを考えると、常識とされていることが真理だとはいえないということがよく分かる。

かといって、評価依存から脱却することはなかなか容易ではない。評価という営為が無意味だとは思わないが、あまりに大きな力を持つと人を萎縮させてしまう気がする。したがって、評価依存から解放されることは、僕たちの社会に活力を生み出す活力源にもなりそうだと僕は思う。

僕自身のスクールソーシャルワーカーとしての活動に関しても、やはり評価に気持ちを縛られていた側面がないとはいえず、自らの足に枷をはめていた面があったことは否めない。僕は他人から見れば、傍目など気にしないで生きてきた人間だと思われがちだ。確かに世の多くの人たちに比べると、僕は他者の評判や評価を気にしない面はあると思う。でも、そういう僕でさえも、周囲の評価を強く意識しないではいられない局面があった。それは、スクールソーシャルワーカーを名乗って活動を始めてしばらく経った頃のことだ。

役立たずのソーシャルワーカー

記者会見まで開いて、鳴り物入りで紹介された、わが国で初めてのスクールソーシャルワーク（所沢市では訪問教育相談員制度という呼称）が、一体どんな展開となるのか、周囲では興味津々だっただろう。あまり他人の目を気にしない僕も、プレッシャーを感じていなかったと言いつつも、この時はさすがに周囲の期待を裏切るわけにはいかないと、少なからず肩に力が入っていた面があったことは否めない気がする。日本初のスクールソーシャルワーカーの活動が芳しくない評価を受けたりすると、その後の広がりが期待できなくなってしまうため、僕の活動の成否はきわめて重要に思えた。

そうした緊張感を抱きつつのスタートだったが、幸いなことに最初の数年間はあれこれ迷いつつも大きな破綻もなく過ぎていき、所沢市というローカルな地域での活動も全国紙で紹介されたり、テレビの取材などもボチボチ入ったりするようになり、社会的にも注目されるようになってきた。そういった意味では、社会的な評価は順調に高まりつつあるように思えたのだが、活動を始めて3、4年目に大きな壁に突き当たることになった。

それは、ある1人の女の子との関わりにおいて起きたことだった。評価ということを考えた時に、決して忘れることができない出会いだった。

ユメさん（仮名）は、初めて会った時は中学2年生だった。同じ中学校の先輩からリンチされたことがきっかけとなって、不登校状態になっていた。なぜ彼女がリンチを受けたのか、僕は分からなかった。当の彼女も、理由が分からなかったのではないかと思う。なぜなら、言葉遣いや態度が人の気に障るようには思えなかったからだ（理由があれば、リンチを受けても仕方がないということではないが）。しいていえば、父親の仕事の関係で、海外での生活が長かったため、他の生徒たちと比べて目立つ雰囲気を有していたのが原因だったのかもしれない。

彼女が学校へ行かなくなって数ヶ月経った頃、学校側から家族に対して僕の紹介がなされ、訪問相談を受けてみることを打診された。両親は家の中に引きこもっている娘のことを心配していたので、学校からの紹介をすぐに受け入れた。ユメさん自身は、他の子たちと同様に、自分から訪問を望んだわけではなかったから、僕を最初から受け入れる気はなかった。

それでも、僕の訪問を拒むわけでもなく、一回目の訪問時から母親と同席した。そうやって週一度の訪問を重ねているうちに言葉数も増えてきて、やがて母親が一緒の席にいなくても、2人だけで話をするようになった。僕の一方的な問いかけに彼女が答えるという問答形式の会話ではなくて、読んだ本の話だとか、上級生からいじめを受けた時の話だとかも自分から話してくれた。ちなみに、僕の本棚にはしばらくの間、紡木たくの『ホットロード』という漫画本が全巻並べてあったが、それはユメさんから面白いのでぜひ読んでみるようにと勧められて買ったものだった。

しばらく訪問を続ける中で、精神的にも安定しているし、周囲のいろんなことにも関心を示していたので、家の中にいるだけではなく、たまには気晴らしに外出してみたらどうかと勧めた。すると、彼女も家の中にずっといることに退屈していたため、散歩を始めた。だが、昼間は知り合いの生徒と顔を合わせる不安があったので、辺りが暗くなってから出かけることにした。

散歩の途中に公園があったのでそこを通っていたのだが、その公園はヤンキーな女子中学生たちのたまり場になっていた。ユメさんは何度かそのグループと顔を合わせているうちに言葉を交わすようになり、一緒に過ごす時間も増えてきた。そのうちに仲間に加わるようになり、そうなってからは次第に服装も派手になり、髪の毛も黄色に脱色した。以前と違って、家にいることは逆に少なくなり、やがて家出を繰り返すようになった。そんな時も、僕が訪問する時には必ず家で待っていて、いろいろ話をした。もちろん、彼女の行動についても、僕なりに助言はした。海外生活が長かった彼女には、番長、裏番など明確な上下構造を有するグループは窮屈に思えるはずだったから、僕の思いを率直に伝えたりもした。だが、彼女は新しく知った仲間や世界に強く関心を惹きつけられ、かえって楽しそうにグループでのあれこれを僕に話した。

そうした行動の背後には、彼女が抱えている傷みや悲しみ、そして怒りなどもあることを理解しているつもりだった僕は、彼女が行動を通じて自分の負の部分を精算しているようにも思え、心配はしつつも、そうした行動を強く制止することができないでいた。

だが、他方では自分の評価を気にもしていた。ユメさんとの関わりは、両親と学校から依頼されたことだった。だから、彼らの期待に応える関わりをしたいという気持ちがあった。しかし、ユメさんは僕が関わっているにもかかわらず、傍から見れば坂道を転げ落ちるように思わしくない状態に陥っていった。そうなると、学校のことなど彼女にはもうまったく眼中になくなり、進路のことを一緒に考えるゆとりもなくなり、僕は彼女をどうサポートすればいいのか途方に暮れるばかりだった。ちゃんと1週間に一度話をして、それなりにコミュニケーションもとれているはずなのに、行動に歯止めがかかるような関わりをできていない自分自身のソーシャルワーカーとしての資質さえ疑うようになっていった。

それでも卒業を2、3ヶ月後に控えるようになった頃には、遊び仲間とも離れ、家出もなくなり、外見的にはヤンキー娘のままだったものの、行動に落ち着きが見られるようになった。その頃には、進路の話をすることもできるようにはなっていたが、どのような選択をするか、彼女は意思を示さなかった。もともと知的な能力は低くなかったのだが、中2の途中から学校へ行かなくなり、その後数ヶ月に及んだハジけた生活の間に、すっかり学力への自信を失くしてしまい、進路に対する希望を抱くことさえできなくなっていた。

僕は、子どもたちの支援において、拠り所を確保するという意味で進路を確保することは重要なポイントだと考えていた。だから、彼ら自身が自らの意思で、どのような進路を選択するかをサポートすることは大きなテーマだった。中学校を卒業すると僕の関わりは制度的に終わるので、僕としては彼らをいかにいいサポーターへ橋渡しをするかということは、重要なことだった。

少女の言葉に救われた

講演をする時に、よく成功事例を話してくれと言われることがあり、僕はそんな時には何が成功事例か分からないから話せませんと応じることが多かったのだが、自分自身の中では彼・彼女にとっていいサポーターを見つけて橋渡しができた場合は成功事例といってもいいのではないかと思っていた。

そのことを考えた時に、ユメさんは結局進路を選択しないまま卒業することになったので成功事例とはほど遠かった。だから、両親や学校の、僕に対する失望は大きかったはずだ。評価といえば、ゼロどころかマイナスですらあっただろう。ユメさん自身にとっても、僕という存在は何の意味もなかったのではないかと思った。効果がなかったというのはまだ受け入れられるが、状態が悪くなる一方だったというのは、僕自身にとっては深刻な結果だった。だから、そんな無能なソーシャルワーカーは仕事を続けるべきではないのではないかと自問した。そして、ユメさんが卒業するのとあわせて、僕も辞表を提出することを考えるようになっていた。

僕は毎年、卒業式を間近に控えた時期に中学3年生の子どもたちを訪ね、最後の面談をすることにしていた。だから、3月という時期は僕にとってはちょっと辛い季節だった。一度に何人もの子どもたちに別れを言うことは、気持ちとしては易しいことではなかった。たとえうまく橋渡しができたと思っていたとしても、その後の生活に不安がないとはいえない。幼鳥が巣立ちをする時の親鳥のような気持ちを抱えての見送りだった。それだけに、ユメさんの場合は、僕の不安はひとしおだったし、挫折感もいっぱいだった。彼女との最後の面談では、沈痛な思いで向かい合った。僕は、彼女に自分の不甲斐《ふがい》なさを率直に詫びなくてはと考えていた。

彼女は、十数ヶ月前に知り合った頃の幼さを残した印象とはすっかり変わって、大人びた雰囲気を漂わせていた。最後の訪問ということで、いつもよりは心なしか沈んだ雰囲気があったが、落ち着いた態度で僕に接した。少し雑談をした後に、僕は彼女に伝えるべきことを伝えなくてはと思い、意を決して「ユメちゃん、ごめんね。この1年ちょっと君とはいろんな話をすることができたけど、オジさん、結局君の力になることができなかったね。本当に申し訳ないと思っているよ」と言った。するとと彼女は、それまでの柔らかな表情を変えて、僕をしっかりと見すえて、「山下さん、そんなこと言わないで。私は、山下さんがいてくれたことで、どれだけ支えられてきたか分かんないんだよ」とはっきりした口調で言った。僕は、ユメさんのその言葉に驚いた。「山下さん、ぜんぜん役に立たなかったよね！」といった類いの否定的な言葉が返ってきてもおかしくないのに、それとはまったく逆の意味の言葉が彼女の口から出たのだった。僕にとっては想像もつかなかった言葉を聞いて、その後に自分が何を言い、どのような態度をとったのか、今ではまったく思い出せない。おそらく当惑して、何も反応できなかったのではないかと思う。

しばらく間を置いて、僕は思った。自分が周囲の評価を軸にして、ユメさんとの関わりを考えていたのだと。傍目にはうまくいっていないと映るだろうから、僕はダメなんだと思い込んでいた。そんなダメな僕だから、ユメさんも僕のことを役立たずと思っているに違いないと考えていたのだ。彼女は、どんな時でも僕と会い続けた。いや、訪問時に家にいても顔を合わせないこともあった。そんな時も、部屋のドアを開けてもらって、「いつも気にかけているからね」といったような言葉を投げかけた。すると彼女は床にうつ伏せになったまま、僕の声かけに反応して頷いた。そのことの意味を僕はもっと考えるべきだったのだ。意味を考えていれば、もっと違ったサポート法を考えることもできたかもしれないのに、自分で自分に無能のレッテルを貼って、自分の不甲斐なさを嘆いていたのだった。僕は、ユメさんの言葉に冷水を浴びせられた気持ちだった。周りを見るのではなく、子ども自身のことをもっとよく見なさいと諭されたように思えた。

ユメさんの言葉は、周囲の評価ではなくて、子ども自身の評価をベースに関わることの覚悟を僕に植えつけてくれた。その言葉をもらったことによって、僕はソーシャルワーカーとして活動を続けていこうと思えるようになった。彼女の言葉のおかげで、僕は周囲の評価というものに惑わされることなく、彼女が卒業した後も活動を続け、何人もの子どもたちと出会い続けることができた。人がソーシャルワーカーにしてくれたという話は前に触れたが、ユメさんという15歳の女の子が僕を救い育ててくれたエピソードだ。

記憶力は、歳を取るにつれて低下するものだといわれる。だけどユメさんの言葉は数十年経った今でも、僕にはずっと忘れられない宝物のような言葉としてしっかり残っている。彼女が中学校を卒業してからは、一度も会っていない。今では当時の僕と同じくらいの歳になっているはずだ。彼女の母親からは、元気にやっていますという年賀状をもらうことはあるが、どのような暮らしをしているかは知らない。もしも、再会する機会があったら、改めてお礼の気持ちを伝えたいといつも思っている。

パートⅣ 多様な道すじ

無駄にもいずれいいものが出てきますのや。
あんまり目先だけのことを考えていたんではあきませんわ。
無駄と思うて捨てたり見過ごしてきたことに、
ずいぶん大事なものが含まれているんと違いますかな。

西岡常一『木のいのち木のこころ（天）』

1. 見方を変えると新たな景色が

勉強ができると選択肢が広がるか？

子どもの教育に熱心な親は、わが子にはしっかり勉強させて、一流といわれる学校に行かせれば将来の可能性が広がるからと信じて、小学校低学年、いや入学前からでも学習塾通いをさせて、生きていくうえでの保険をかけようとする。例えば、首都圏に住んでいて最上級の保険というのは、男の子の場合、中学に進学するにあたっては御三家といわれる私立の中高一貫校への入学を目指すことだろう。しかし首尾よく入学を果たしたからといって目標を達成したわけではなく、幸福への第一関門を突破しただけのことであって、親は次の保険取得に向けて子どもを駆り立てる。最高級ブランドの保険は東大入学だ。そこへ入れば、安定した人生のチケットは入手できたも同然だ、という幻想を抱くことができる。

勉強ができると、世間一般では人生の選択肢が広がるといわれるが、よく考えてみるとどうも選択肢が広がるようには僕は思えない。勉強ができればできるほど、逆に選択肢は少なくなってくるんじゃないかという気がするのだ。小学校から御三家と称される中高一貫校に進学して、そこでまた勉強ができると大学進学は、ほぼ自動的に東大ということになる。そうした層にとっては、名前があまり知られていない大学などは、端《はな》から選択肢として存在しないだろう。そして、東大を卒業した後は、就職先は一流とされる企業や組織にほぼ限定されるといっていい。だから、世の中一般でいわれるほど、勉強ができると選択肢が広がるなんてことはないのだ。勉強ができすぎるとお決まりの道を辿ることになり、人生のコースを歩むうえではむしろ窮屈なんじゃないかと僕は思うのだ。あちこち道を迂回《うかい》したり、途中で引き返したりしながら無節操に生きてきた僕などは、特にそう思う。

僕は1980年代から90年代にかけて、不登校の子どもたちと関わる活動をしていたが、不登校をすると人生の選択肢がなくなるとまでは言わないが、極端に少なくなると思う親や子どもたちがほとんどだった。だが、僕は不登校をすると逆に選択肢が広がると思っていたので、子どもたちにもそう伝え説明していた。

例えば、ある男の子は中学校1年生の途中から学校へ行かなくなっていた。彼は3年生になった時に、家の中で暴れるようになったため、学校長と親が心配して僕の訪問相談を申請してきた。親との事前面談で、男の子の行動の原因が卒業後の進路に対する不安だということが分かった。幸いにして彼は最初の訪問時から僕を拒絶することなく、居間に出てきた。だが、僕の顔は見ないでテーブルに顔を突っ伏したまま一言も言葉を発しなかった。僕も、無理に会話をしなくてはとは思わなかったので、簡単に挨拶をしてから「君は何も返事しなくていいからね。ただ、僕がこれからいくつか話をするから、それだけは聞いててくれるかな」と伝えて話を始めた。

「君のお母さんから聞いたんだけど、君は中学卒業後の進路のことをとても心配してるんだよね。学校へ長いこと行っていないから、中学校を卒業しても進路先がないって思っているんだよね。でもね、そんなことはないんだよ。君にもし、高校へ行きたい気持ちがあれば、行けないことはないんだよ。むしろ、学校へずっと行っていたよりも選択の幅は広いんだよ」と切り出した。そんなことを言っても、僕の話を信じはしなかったと思う。彼は相変わらず身じろぎもせず、テーブルに突っ伏したままだった。

「学校へずっと行ってたら、成績で高校を選ぶよね。希望する高校と、もうひとつくらい希望する高校に行けなかった時のための安全策として別の高校を選ぶのが普通で、こんな形で選ぶんだけど、学校に行っていないと選べる幅が広がるんだよ」と言ったところで、彼の身体がわずかに反応したように見えた。

僕は、耳を傾けてくれているなと少し安堵して話を続けた。「君がもし、普通の高校に行きたいと希望するのならば、受け入れてくれそうな高校はあるよ。でも、君が大勢の生徒と一緒に勉強することがイヤだったら、定時制高校っていって生徒数が少ないところもあるよ。だけど、そこは夕方から授業が始まるし、そもそも通うことができないって思うならば、通信制って方法もあるんだ。それはほとんど学校に行かずに、レポートを提出するというスタイルなんだ。ただ、レポートを1人だけでやるってのは大変だと思う子もいるよね。そんな子たちのために通信制の補習校っていうところがあって、そこは生徒たちが一緒に通信制高校の勉強をするんだ。でも、そもそも高校へ行くのがしんどいって思うんだったら、大検（現・高認）っていうのがあってね、これは1年に一回試験があって12科目をクリアすれば、高校を卒業したのと同じように扱われて、大学受験もできるんだよね。ただ、大検も1人で勉強するのが大変だと思う場合、そのための予備校もあるしね。ちょっと挙げただけで、5つか6つくらい方法があるんだよ。そのうちのどれが1番いい方法かはオジさんには分からない。もし僕が、これが1番いいと言っても、それが君に合うかどうかは分からないしね。だから、これから少し時間をかけて、君にとってどの方法が1番いいか一緒に考えていこうよ」と伝えて、その日の面談を終えた。彼は相変わらず、顔を上げて僕の顔を見ることはないままだった。だから、彼は僕がどんな人間か分からなかったと思うし、僕も彼がどんな顔をした少年かは分からないままだった。

その最初の訪問の後、彼が暴れることはなくなった。そしてその後、自分で考えて通信制の高校へ進学することを決めた。そう決めるまでには、けっこう時間を要したし、人生に絶望していた男の子が、僕の話を聞いたことで不登校をして道が広がったと思ったかどうかまでは分からないが、少なくとも道が閉ざされていないことは分かっただろうと思えたエピソードだ。

違った景色が見える

不登校をして道が塞がることはないという話で、もうひとつ思い出すことがある。もうしばらく前のことだが、知人が中学1年生になった息子を伴ってわが家を訪ねてきた。東京都内の私立中学校に入学したのだが、通い始めて3ヶ月経った頃からぱったり学校へ行かなくなったという。理由を訊いても何も言わないので、不登校の子どもたちの支援をしていた僕に、彼の話を訊いてほしいというのだった。その男の子を仮にケイ君としておくが、そのケイ君は小学校の時から塾通いをして、やっと希望の中学に入学したという。知人、つまり彼の父親が大手商社のやり手の管理職だったので、ケイ君も父親みたいに一流企業の営業マンとして働くことを夢見ていたらしい。

初めて会ったケイ君は、僕が父親の知人であることもあってかさほど緊張している様子も見せず居間のソファに座った。一緒に来た母親がこれまでのことと最近の様子を話している間は黙っていたが、ひと通り話が終わると、ソファに反っくり返るような姿勢になり、突然「あぁあー、俺もこれで一生プー太郎かぁ」と深いため息とともにつぶやいた。子どもらしさが残るあどけない顔をした男の子が、己の人生を儚む言葉を口にすることは切なくもあったが、むしろ僕は姿形に似合わない言葉と仕草が可笑しくて笑ってしまいそうになった。僕は笑みを浮かべながらケイ君に「あー、そう思うんだ？　不登校になったら人生が終わってしまったみたいな言い方してるけど、でもこっちの方にもいい景色があるんだよ。だからさ、これから一緒にいい景色を探していこうよ」と声をかけた。そんなことを言われても、彼はとても信じることはできなかっただろうから、僕のその言葉には何の反応も示さなかった。

ケイ君とは、その後も時々会った。私立中学校は早々に見切りをつけて退学し、地元の公立中学校に編入した。しかし、登校する気配はまったくなかった。ただ、もともと活発な子だったので、しばらくすると家にずっといるのが退屈になってきた。そして、以前から興味を抱いていたモトクロスをやりたいと言い始めた。僕は「せっかく学校を休んでいて時間があるんだから、やるといいんじゃない？」と答えた。両親も家の中でゴロゴロしているよりはいいと考えて賛成した。ただし両親は、モトクロスの練習ができるスクールのようなものがどこにあるのかはケイ君が自分で探し、入学の手続きまですることを条件にしてモトクロスをやるのを認めるとした。その条件を受け入れたケイ君は、自宅から電車で1時間以上もかかるところにあるモトクロスのクラブを見つけて申し込みまですませた。

それからは、週に一度クラブが主催するスクールに通い始めて、慣れてくるとスクールがない日もクラブに行って、時間を潰すようになった。運転技術が上がるにつれて、小さな競技会にも参加するようになった。練習中に転倒して怪我をしたこともあった。だが彼は、それで練習を止めるとは言わず通い続けた。そうやって不登校生活を満喫していたが、中学3年生になるとさすがに進路を考えなくてはならなくなった。彼は全日制の高校への進学はまったく考えなかった。勉強を長い間していなかったので、おそらく受験する自信がなかったのだと思う。

僕が不登校の子どもたちの進路については詳しいということを彼は知っていたので、どうすればいいか相談に来た。ケイ君は高卒の資格はほしいけど、普通の高校へは行きたいと思わないと言うので、単位制の定時制高校というところがあると伝えた。最初は、夜間高校に通うということに戸惑いを示したが、生徒数がそれほど多くなく、先生たちの面倒見がいいということを知り、そこを受験することに決めた。試験に合格するかどうか心配していたが、もともと基礎学力は十分にあったので、問題なく合格することができた。

高校に入学してしばらく経ってから、ケイ君が近況報告にやってきた。学校の様子などをひと通り話した後、「山下さん、俺、不登校してよかったってマジ思うよ。俺、学校を休まないであのまま通い続けてたら、視野が狭い人間になってたと思う」と言った。「ふーん、どうしてそう思うの?」と僕が訊くと、「だってさ、俺今の学校に行って、これまで考えたこともなかった人たちに会ってるんだよね。生徒の中には、俺よりもはるかに年上のオジさんやオバさんたちがいるし、同じ歳でもいろいろ苦労してきたヤツもいたりしてさ。世の中、ホントに広いってことを知ったよ。学校に行き続けてたらゼッタイに経験できなかったって思うよ」と語った。僕は、ケイ君の話を聞いてニンマリした。〝いろんな景色を探そうよ〟と、初めて会った時に語りかけたことを彼が実現できたと思ったからだ。

僕は、スクールソーシャルワーカーをしている時に、世間でいう成功事例とか失敗事例とかという評価には意識的に無頓着であろうとしていた。成功とか失敗というのは、関わる側の勝手な言い草であって、特に成功なんていうと世間の評価基準に則した判断であり、悪くすると本人にとっては少しもいいことではないのに、世間で評価されることさえある。そんな世間ファーストの評価軸ではなく、僕なりの評価の基準があるとすれば、彼・彼女が自分の行動を前向きな体験として受け止めた時が成功だと思っていた。そういった意味では、もしケイ君が僕のクライエントだったら成功した事例だといえるだろう。

いろんな景色を見ることができたケイ君は、バイクに乗っていた関係で機械を扱うことに興味を抱き、機械工学を学ぶために浪人して大学へ進学した。小学生の頃に思い描いていたコースとはぜんぜん異なった道を選んだが、彼は後悔するどころか好きな道に進めたことを喜んでいた。学校を休んでも、途は閉ざされはしなかったというもうひとつの話だ。

関わった子どもたちの中には、家から離れて地方の高校へ進学した者もいたし、アメリカやニユージーランド、ブラジルに行った子たちもいた。長い間不登校していた子どもたちが、である。専門学校でイラストを学んだり、演劇を学んだりした子たちもいた。どの選択がベストだったかは周囲が決めることではないと思う。それこそ、〝みんな違って、みんないい〟である。自分で選択したことであれば、という条件つきだけどね。

中学校へ行っていなかった子たちが、地方や、まして言葉が通じない外国へ行って、果たしてやっていけるものだろうかと思われるのが普通だろうが、どこであろうと自分自身がそうしたいと考え決断した時には、壁はそれほど高くはなくなるものだということを彼らの姿を通して僕は知った。ただ、だからといって、卒業後に特定の進路を選択した子たちだけをよしとしているわけではないこともつけ加えておかなくてはならない。中学校卒業時に、進路を選択しなかった子たちもいた。自分の気持ちが何かを選択して行動するという状態ではない時には、無理をする必要はないと思っていた。そういう場合は、僕自身が継続して関わることが制度的に難しかったので、学生ボランティアを紹介するなどして、人との関係を保つことができるよう配慮した。

限界は思ったより遠くにある

よく考えてみると、不登校に限らず何につけても、僕たちの行く手が遮られて、そこから抜け出す手立てがまったくないということは、それほどあることではない気がする。『夜と霧』の著者である心理学者のヴィクトール・フランクルは、第二次世界大戦中におけるナチスのユダヤ人強制収容所で自ら体験したことをベースにして実存主義的心理学を構築したが、彼は〈生きる意味〉ということを重要なキーワードとして挙げている。

ナチスの強制収容所ではガス室で虐殺された人たちが多かったが、厳寒の過酷な気象条件に加えて、強制労働と飢えに晒され息絶えてしまう人たちも多かった。だが、同じ条件下にあっても生き延びた人たちがいた。その違いがどこから来るのかをフランクルは考え続け、〈生きる意味〉の重要性に行き着いた。つまり〈生きる意味〉を持っていた人たちほど生き延びる確率が高かったというのだ。〈生きる意味〉とは、何かに心を動かし震わせることだといってもいいだろう。芸術や自然など心を動かすものは強制収容所の中でもあり、それらに感応できる人たちのチカラに着目したのだった。

〈生きる意味〉のひとつのエピソードとして挙げられているのが、以下の話だ。真冬の厳しい寒さの中での労

厳しい冬にも美しさがある

働を終えて、収容棟に戻ってくる時に夕陽がとても美しい日があった。そんな時に、疲れ果てた人々の中でも、その美しい夕陽に感動して見とれる人たちがいたという。そういう人たちが生き延びたというのだ。僕の説明がフランクルのエピソードを正確に記述しているかどうかは心許ないが、大まかにはそういう話だ。

僕がここで言いたいのは、極限の状態にあっても生き延びることができるという途があったということだ。だから、僕たちが生活の中で体験する極限とまではいかない多くのことも、切り抜けることができるのではないかと思うのだ。僕たちは、分厚くて高い壁を前にすると条件反射的に、自分には乗り越えることはできないと判断し、壁を破ったり乗り越えたりしようとはしないでその場にうずくまってしまう。そんな傾向が自分自身の中にもあったのだが、ある頃から自分自身であらかじめ限界を設定してしまって、何もしないうちに諦めてしまうことが、可能性を抑制してしまってきたのではないかということに思い至った。その自らが設定した限界を振り払うことができれば、厚くて高いと思っていた壁が、思っていたほど厚くも高くもなかったということがあった。

限界を振り払うといっても、自分1人で容易にできることではない。頭では分かっていても、できないことが多々ある。重要なことは、自分の可能性を信じて理解しサポートしてくれる人の存在だと思う。僕たちが生きる現代において、よき理解者やサポーターを得ることが難しいという状況がある。大家族制度や地域における相互のつながりが強かった時代には、ごく自然にサポートを受けることができる条件が整っていた（過去礼賛に堕するリスクを冒さないように気をつけなくてはならないものの）が、残念ながら今では自然な形でサポーターを確保することが難しい。ということは、壁を前にして呆然として身動きがとれなくなる確率が、かつてより高いということだ。だから僕は、自分の可能性に確信が持てない子どもたちのサポーターとして学校の中へ入ると同時に、彼らのサポーターとなる人材を増やしていきたいと考えてスクールソーシャルワークの実践に携わっていた。

誰かが味方、あるいは理解者として側についていてくれれば、壁を乗り越えようとする勇気も湧いてくるし、万が一チャレンジがうまくいかなかったとしても、挫折感は和らげられるし、ひと息入れた後にはふたたび挑む気持ちも蘇ってくるだろう。そのことは、僕自身の迷走人生の過程における経験に基づいても言えるし、スクールソーシャルワーカーとして活動していた時に出会った、さまざまな困難に直面して苦闘している子どもたちとの関わりを通しても言うことができる。

いや、子どもたちだけではない。大人についてだって同じことが言える。相談活動の過程で、保護者が学校に対して気が引けて、自分の意見を言えないという状況が時々あった。僕はそんな時、保護者に対して、学校に言いにくいことがある場合は、僕の名前を持ちだして、山下が言っているからと前置きをしてから言いたいことを言えばいいとアドバイスすることがあった。保護者が自分自身の言葉として発言すると角が立つ怖れがあるので、それを避けるという意図もあったが、それよりも背後で支えてくれる人間がいるということで安心して、意見を表明しやすくなると思っていた面が大きかった。

新たな角度から捉える

あるひとつのことがうまくいかなくなるということは、新たな選択肢が開けてくることだと僕は思っている。失敗するということは、新たな可能性の扉が開くことだとさえ考えるようにしてきた。だから、まだ人生の端緒についたといえるばかりの時点で、何らかの挫折体験を味わっている子どもたちに対しては、彼らの新たな選択肢を探し出し提示することが僕の役割だと思っていた。サポーターとしての僕が、援助の手立てを見つけることができずにお手上げ状態になってしまっては、もはや支援者として機能することはできないのだった。取り巻く状況が厳しい時には、そうした思いが揺らぐことがなくはなかった。己の無力さを恨めしく思うこともあった。そんな場合に、従来の思い込みから脱して、新たな角度から事象を捉え直すという視点が大いに助けになった。「不登校をすると選択肢が広がる」なんて言われると、言われた方は当惑するだろうが、そう言い切る根拠を持ち、説明することができれば相手はエンパワーされるはずだ。

困難に直面した時に僕たちが陥りやすいのは、その困難にとらわれるあまり他のことに目が向けられなくなって、身動きがとれなくなることだ。そうだからこそ、支援者の存在が意味を持ってくる。支援者というと当事者の身代わりになって課題を解決してくれる存在だと期待されがちで、支援者も自らその役割を担おうとすることがある。だけど、そうではなくて、外部から新たな視点を示すことの方が重要な気がする。見える世界が変われば、当事者は自ら新たな世界に足を踏み出すことができると思うのだ。

だから支援する側に求められるのは、新たな角度を示すことができるような多角的な視座や柔軟性を身につけ、感度を高めることなのだと思う。不登校などの状況にある子どもや保護者から相談を受けて、頭を抱えこんでしまったり、単純に課題に立ち向かっていくよう鼓舞したりすることに終始していては、当事者はなかなか気持ちが楽にはならないのではないだろうか。

そういった意味でも、知識やスキルを身につけようと絶え間なく努力することによって、悪くすると専門的枠組みに縛られて、クライエントの複雑な状況に柔軟に対応することができずに、枠組みの中で解決策を探し求めようとしてしまう怖れがある。そのことは、自分自身がクライエントとして病院や、医療外のセラピーにかかる時にも感じることだ。身体の痛みなどを訴えても、治療者は自分の専門領域の枠内からのみ症状を捉えて診断したり施術したりすることがあるので、それを受けている僕は痒《かゆ》いところに手が届いていないという感覚を味わうことがある。専門的な知見が、新たな視点を取り入れる柔軟性を阻んでいるのだ。

ホリスティックな視点とかアプローチが取り沙汰されることがある。ホリスティックとは特定の領域や分野に限定せずに包括的にアプローチするということだが、相談援助のように人の生活の質の向上という命題を追求する職種においては、とても重要なことだと思う。個々人が言葉や身体で表現している困難をピンポイントで突き止めて解決するなどといったことはありうるにしても、それは奇跡に近いことではないかと思う。

援助職たる者は、複雑な個性や生活背景を有する人たちと関わり合うわけだから、できる限り柔軟に人や問題といわれる状況を捉え、相手の凝り固まってしまった考え方や行動を揉《も》みほぐして身軽になってもらうために、常に周囲にアンテナを張り巡らせておくという姿勢が求められるように思う。

2. 問題の否定を疑おう

人格障がいの山下です

80年代から90年代にかけては、講演活動が多かった。不登校に関する僕の発言（朝日新聞・論壇1988年10月24日）が、不登校の子を持つ保護者の間で共感を呼んだということがあったため、全国各地にある不登校の親の会や子ども関係の団体から声がかかった。人前で話をするのは苦手だが、声がかかればできるだけ応じるようにしていた。多い頃は年間七十回以上、全国あちらこちらに出かけていった。日々の訪問活動を続けながら、地域で居場所活動にも携わり、さらにはカルチャーセンターの講師も週二回務めながらのことだったから、今から考えると相当なハードスケジュールをこなしていたものだ。スクールソーシャルワークの認知度が限りなく低かったため、少しでも理解の輪を広げたいという使命感のようなものがあったので、それがエネルギー源になっていたのだと思う。

地方での講演に招かれると、講演の後には主催者の人たちが土地の名所や旧跡を案内してくれるのが常だった。ある講演に出かけた時、名所案内の合間にゆっくりできる時間があったので、主催者側の1人である精神科医と立ち話をした時のことだ。その時の話の流れで、僕の職業遍歴の話題になった。僕は錯綜《さくそう》して足下が定まらなかった自分の軌跡について語った。すると、話を聞いていた彼は「山下さん、それは人格障がいですな」と、タバコの煙を吐き出しながらおもむろに言った。「おーっ、人格障がいかぁ。面白いな、これから自分のキャッチフレーズにしよう」と僕は思った。愉快だったのは、タバコをくわえていた医師が「実は、私も人格障がいなんだけどね」と続けたことだった。その後しばらくは、「人格障がいの山下です」と自己紹介することがあった。

問題の人でもあったカメラマン時代（1973年）

一般的には医者に人格障がいなんて言われでもしたら、ショックを受ける人が多いのではないかと思う。人格障がいに限らず、自分に対するネガティブなレッテル貼りがされると、そのレッテルは生きるためのエネルギーを低下させるし、人には悟られないようにできる限り隠そうとする。僕

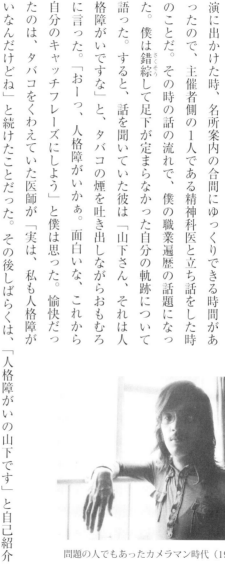

たちの社会では、問題を抱えることは恥ずべきことだと考えられており、できる限り秘匿《ひとく》しておこうとするのが常だ。だがそうすることで、問題（意識）は内部にとどまり続け、長い間にわたって自らを苛み続ける。先に、フランクルが唱えた生きる意味について述べた。そこでは触れなかったが、生存を確実ならしめる条件のひとつに、彼はユーモアを挙げている。危機的な状況に陥った時に、ユーモアが難局を切り抜ける手助けになることを述べた著作もある。

〝人格障がい〟という言葉は、人によっては大きな鉄槌《てっつい》を頭にめがけて打ちつけられたように感じるだろうが、僕はそれを自分のキャッチフレーズにしようと面白がった。それができたから、言葉は刃にはならなかったし、診療を受けようなどという気には微塵もならなかった。心理療法家だったフランクルが僕のそうした反応を見たとしたら、「うん、それはとてもいい対処法だ」と褒めてくれたかもしれない。

問題を抱えることは問題か？

僕は、そもそも問題を抱えることをまずいことだとは考えない。生きるということは、〝問題を抱えながら〟という接頭語が常に冠せられるものだと考えている。問題のない人生なんて幻想に過ぎない。誰だって人生の途上で何らかの問題に遭遇する。遭遇したことがないという人がいたら、それは奇跡といえるし、場合によっては問題を周囲にばらまきながら生きている鈍感な人でさえありうる。まぁ、とにかく問題といわれるものは僕たちと不即不離の関係にあるといっていいだろう。それだけ近しいものなのに、毛嫌いし続けるのが定石だ。そうするのではなくて、僕は問題をもっと丁重に遇するべきではないかと思う。縁あって、わが身に降りかかってきた問題だ。決して楽しいことじゃない、というか、常に心をざわつかせ疲弊させるものではある。だけども、せっかくの出合いだ。だから、どうにかして折り合っていく途を探ることが、望ましい選択なんじゃないかと思う。

ちょっと考えてみると、僕らの周りには「あの時、あんなに辛い思いをしたけど、あのおかげで今の自分がある」といった類いの話は少なくないはずだ。そう、問題がかならずしも常に僕たちの人生を暗雲で覆い尽くし、生涯をズタズタに破壊し尽くすわけではないのだ。時と場合によっては、その後の人生の糧になったり、精神的な成長をもたらすことがあったりする。最近では、トラウマ後成長（ＰＴＧ）なんて言葉も目にすることがあるくらいだ。ＰＴＧとは、簡単にいうと精神的な外傷を負った場合でも、その後人間的成長を遂げることがあるということだ。そういうことがあるくらいだから、僕たちは問題に直面した時には、その問題をいかに糧にし、内面的な成長に転換するかということを考えるようにした方がいいと思う。

僕は〝問題〟を抱える子どもたちと関わる活動をしていたが、援助者としての自分の役割は、ネガティブな体験として受け止められている〝問題〟を、いかにしてポジティブな体験として組み替える手伝いをするかだと考えていた。たとえ、本人や周囲の状況にさほど変化がなくても、本人が己の体験を前向きに受け止めることができるようになったら、それでOKだと思うのだ。

問題を抱えることはごく自然なことであり、いいことだとか悪いことだとか価値判断するのではなく、それをいかに体験するかがもっとも重要なことのような気がする。体験の仕方によっては、人生の貴重な財産にもなりうるし、悪くすると生きる気力を奪われたり、他人に対する不信感を増幅させたりすることにもなりうる。ということは、問題に直面している人は、どちらの方向へ進むか人生の岐路に立っている人だということだ。とはいえ、どう振る舞えばいいのか途方に暮れている人が、自分の力で〝問題〟をポジティブな経験に組み替えることは容易なことではない。そばにいて理解し支えてくれる人があってこそ、辛く悲しい体験もプラスの体験として上書きすることが可能になる。そのように考えた時に、支え、理解してくれる人を身の回りに持ちにくいという社会的な状況がある。格差や分断が常態化している社会においては、多くの人たちが孤立して、吹き荒《すさ》ぶ世の寒風に身をさらして立ち尽くさざるを得ない。だから、人と人をつないだり、場合によっては人と組織をつないだりして、関係を築こうとする相談援助職の存在意義があるのだと思う。

ところが、相談援助の専門家は問題を否定する傾向が強いから、問題をバッシングして〝解決〟することに精力を注ぎ続けがちだ。問題を生み出している環境的な要因や、個人の資質などを分析し、適切だと想定される手段を考え出して、問題を消去してしまおうとする。問題は、そもそもあってはならないものとされるのだ。問題を否定するということは、問題とは切り離すことのできない存在であるクライエントを否定することにもつながりかねない。だから、当事者が専門家に対して、一種の違和感を抱き続けることがありうるのだと思う。

問題──どう対処するか

問題について考えた時に、もうひとつ思い浮かぶのは、問題への対処法のことだ。前述したように、僕たちは問題を抱えることを毛嫌いするから、躍起になって問題をなくそうと努力する。例えば、不登校という〝問題〟について考えてみると、大人社会では、不登校を何とかしてなくそうとする。「不登校ゼロへの取り組み」などという標語が学校に大きく掲げられているのを見たことがあるが、学校へ行かないことはずっと問題とされてきた。だから、あの手この手を尽くして不登校問題を解決しようとする努力が重ねられてきた。これまでに、適応指導教室の設置やスクールカウンセラーの配置、スクールソーシャルワーカー活用事業などが大きな施策として導入されてきた。さらに、その他にもいろんな手立てが講じられてきた。

で、その結果どうなったかというと、策を導入した側の思惑が少しは機能しただろうか？　残念ながら、その答えは〝ノー〟である。文部科学省の統計資料（学校基本調査）によると、２０２１年度の不登校児童生徒は24万人を超えたという。１９９０年から、30年後の２０２０年までに、小中学生の数は５１８万人以上減っているが、不登校の子どもたちは約４万８０００人から19万人以上も増えている。その30年間にさまざまな対策が講じられてきたにもかかわらず、学校へ足が向かない子どもたちはずっと増え続けているのだ。

さらに、学校現場におけるもうひとつの焦眉《しょうび》の問題といえるいじめについても、２０１３年にいじめ防止対策推進法が公布されたあとも増え続けている。ちなみに、２０１３年度は18万６０００件ほどだったのが、２０２０年度には54万件にまで増えている。これらの数字を見て、対策が功を奏していると考えることは難しいだろう。様々な取り組みを強化すればするほど、学校へ行かない子どもたちが増え続けたり、いじめの認知件数が増加したりすることは、皮肉なことだ。現場で真剣に取り組んでいる教師やカウンセラー、ソーシャルワーカーなどの労力を空転させないためにも、有効な対策が掲げられることを願わないではいられない（修復的対話の考え方と方法は、導入を検討される価値が大いにあると、個人的には思っているんだけどね）。

集中的に問題に向き合えば向き合うほど、さらに状況が悪化するという傾向は、個人が抱える問題の対処法についても同じように見られることだ。自分が抱えている問題を解決しようともがけばもがくほど、それがさらに重くのしかかってくるという構図だ。例えば、僕たちは何か悩みごとがあると、その悩みを解決するにはどうすればいいか一生懸命考える。でも考えてみても、なかなか解決策は見つからない。だから、さらに深く思いつめ、夜ベッドの中に入ってさえも考え続ける。それでも、やっぱり出口が見つからない。そこで、また考える。そうなると、頭の中は悩みごとで満ちあふれそうになって、眠ることができなくなってしまう。その結果、翌朝は睡眠不足で、ぼんやりした状態のまま仕事や学校に出かけていくなんてことは、よくあるのではないだろうか。エネルギーを費やしても、少しも解決の方向には向かっていないというわけだ。

問題を解決しようと頑張っているのに、深刻さが強まってくるっていうのはおかしいことだ。そうなるのは、頑張る方向性が間違っているのだと僕は思っている。僕自身もかつては悩み多き人間だったので、心配ごとがあると考えつめて眠れない夜を過ごすことが少なくなかった。でも、そういう経験を重ねているうちに、一生懸命考えても悪い方向にしかいかないという負のループに陥るのは、自分の考え方がズレていると思うようになった。そう思うようになってからは、悩み始めモードに入りそうになったら、思考を停止するようにしていた。それからは、眠れない朝を迎える頻度は大きく下がったように思う。

解決じゃなくて軽減

僕が考える、対処するための適切な方向性とはどのようなことかというと、まずは問題に過度に焦点を当てすぎないことだと思っている。極端な言い方をすれば、問題から目を逸らすということだ。だって、考えても考えても、ますます深みにはまっていくという現実があるのなら、その泥沼から足を引き抜くことは基本的な対処法ではないだろうか？　がんじがらめになっている状態から目を離すといっても、簡単なことではないように思えるかもしれないが、その方法として、僕は何か他のことをするように勧めてきた。例えば、行動範囲を広げたり、新しい知識を求めたり、他者との交流関係を持ったりするなどして、自分自身の世界を広げようとすることだ。

その結果、自分の世界が広がれば、問題自体はなくなりはしていないが、自分自身の世界が大きくなっているから、全体的には問題の比重は軽くなる。軽くなれば、問題があっても日常生活は続けることができる。僕は、それでいいと思ってきた。心の中には傷みが残っているけれど、日常生活はそこそこ送ることはできる。日常生活をそれなりに送ることができれば、問題がすっきり、くっきりクリアに解決できていなくてもいいと思うのだ。

問題解決というと、問題をすべてゴミ箱に移動して心をクリーンアップするようなイメージをしがちだが、複雑な神経系統を有する僕たちの内部を、ファイルを消去するみたいに一気に空っぽに解決するのは不可能に近いことだ。もしそれを目指して問題解決を試み続けるとすれば、その努力が報われることはまずないのではないかと思う。僕は、問題は全面解決しなくてもいい、日常生活を〝そこそこ〟送っていければOKだと考えてきた。問題をそこそこの状態まで持っていくことは、考え方や取り組み方次第で可能だし、現実的な対処の仕方だと思うのだ。

相談援助職に携わっていると、やたら問題解決という言葉が出てくる。僕はこの問題解決という言葉には違和感を覚えてきた。それは問題を毛嫌いしないという考えからもきているが、解決という状態を実現することの難しさを思うからであり、また同時に、問題を抱えることとの意味もあると思うからだ。まぁ、便宜《べんぎ》的には僕も問題解決と口にすることはあるが、厳密には問題の軽減と表現することにしている。問題はあっていい。それがだんだん重くなってきて生活や、果ては生命までも脅かすようになることは避けたい。そういう状態を避けるためには、どうするかということを考え、重石《おもし》を軽くするための模索をクライエントと共に続けるというのが僕のスタイルだった。

不登校について同じ文脈でいうと、数値をゼロに減らすことに集中するのではなくて、むしろ学校という場の器を柔軟にすることの方が増加傾向に歯止めをかけることにつながるはずだ。競争主義や成果主義などのビジネスモデルを教育現場で促進すれば、競争に疲れ果ててついていけなくなる子どもたちが出てくるのは当然だし、それに加えて校則に代表される細かい規則などで子どもたちの自由を束縛するようなことがあれば、窒息状態に陥る子たちも多いだろう。さらに家族の不和や病気、貧困などの厳しい環境下にあっては、なおさら身動きがとれなくなりがちだ。学校の外で厳しい状況が待ち構えているのだとすれば、なおさらのこと学校は子どもたちを優しく温かく包み込まなくてはならないのに、逆に囲い込み追い詰めようとしているのではなかろうか。それでいながら、不登校やいじめを減らそうなどとかけ声をかけ続けているのだから、対処法としてはまったく逆方向を向いているとしかいえない。世界を広げるどころか、むしろ狭くしているように思える。問題対処のあり方についてもっとつけ加えるならば、当事者の視点が欠落しているということだ。このことは、数十年も前から言い続けているが、改善されることがないままだ。大人たちが大人たちの頭で、しかも不登校など経験したことがない頭でいろいろ策を講じても、当事者のニーズとは齟齬が生じる確率が高いのは当たり前のことだ。当事者の声に耳を傾けることによって初めて、何をすべきか、あるいはするべきではないかが見えてくるはずだ。それをしなければ、対策はずっとズレたままであり続けるだろう。それは、前述した増加する一方の不登校やいじめの数値に表れている。

僕は子どもたちと関わっている頃は、分からないことがあった時には、子どもたちに訊くということを鉄則にしていた。専門家面していたって、分からないことばかりだ。そんな時に上司に助言を求めたり、書物にヒントを求めたりすることも悪くはないだろうが、目の前にいる当事者の声を無視しては援助が空振りに終わりかねないと思っていた。彼らの声を聞いたからといって、言われたとおりにできないこともあるが、その声をベースにすれば、次になすべきことが見えてくるとは言える。とにかく、援助関係は相手と対話をしながら進めていくことが重要だと考えていたわけだ。

そのベクトルで考えると、文科省であれ、教育委員会であれ、学校であれ、対策を講じる際には子どもたちとの対話を条件として組み入れることが不可欠だと思っている。

声を聞かれていない子どもたち

しばらく前に、ある中学校でＲＪサークルを実施した。全校生徒と教師、参加を希望する保護者を交えてのサークルだった。小規模の中学校とはいえ１００人を超える生徒と教師、それに保護者だから、かなりの人数だった。ひとつひとつのサークルは10人程度で構成するのが一般的なので、大きな集団を対象にする場合はサークルの進行役（キーパー）の確保がいつも課題となる。その時は、幸いに中学校がある地域のスクールソーシャルワーカーたちがキーパー役を担ってくれた。彼らは僕の研修を受けたことがあったので、当日の進行はスムーズで、子どもたちも教師も保護者もいい感触をもってサークルを体験できたという声が聞かれた。

サークルを終えた後は、キーパー同士で振り返りをするのが常なので、その時もそれぞれが進行役を担ったグループの様子を報告し合った。そこで、複数のソーシャルワーカーのコメントに驚いたのだった。どんなコメントだったのかというと、「イヤー、子どもたちよく話をしますねぇ」とか「意外と、自分の考えをきちんと述べることができるんですねぇ」という言葉だった。そうした言葉が一般の人からのものであれば驚かないのだが、発言した人たちは元教師で、しかも教員経験が長い人たちだった。その人たちは現役の教員時代に、子どもたちのことをよく考えて接していたのだと思う。子どもに対する思いが深いからこそ、退職後にソーシャルワークを学びスクールソーシャルワーカーになったはずだ。

子どもたちと比較的近い立ち位置で教員をやっていた人たちから、子どもがよく語り、自分の意見を明確に表現できることに驚いたという感想を聞いて、僕は驚いた次第だ。つまり、子どもたちとコミュニケーションを取っていたとしても、それは一方通行的なものであって、どちらかというと上意下達《じょういかたつ》的なものだったから、子どもの声を聞くということがそれほどなかったということを示していると思ったのだった。

いろんな学校でＲＪサークルを実施してみて、子どもたちは彼らの物語を聞かれる体験をあまりしていないのだと感じることが多い。子どもたちとサークルをやる時には、教員も１人の参加者として加わってもらうことにしている。そうすることによって、教師と子どもたちの相互理解が深まると思うからだ。すると大抵、「あの子はふだん人前ではほとんど話をしないんですけど、今日初めて彼・彼女があんなに喋れることを知りました」といった類いの発言がある。子どもたちは考えている。だけど、話を聞いてもらえる機会がないのだ。不登校のことにしても、いじめのことにしても、どうすればいいのか、彼らの声に耳を傾けてみることをするべきだと思う。それをしないで、子どもたちの切実さとはほど遠いところにおわします官僚や有識者とやらが、彼らの脳内で独善的に対策を講じても、それは空振りに終わるのが関の山だろう。

問題に存在価値を与える

とにかく、問題というものをどう捉えるかは、問題に対処するうえでは重要なポイントだと僕は思う。嫌悪され、虐げ続けられてきた問題に、存在価値を認め地位を与えてはどうだろう。人生のもうひとつのパートナーとして僕たちの世界の中に取り込み、仲間として一緒にどう生きていくのかを探ることによって、新たな視点や力を獲得することもできる気がする。先に触れたＰＴＧなどはまさにそうした考えの軌道上にあるのではないだろうか。

わが子たちが幼かった頃、彼らが観るテレビ番組を一緒に観ることがあった。それらの中に、『まんが日本昔ばなし』という番組があり、市原悦子と常田富士男によるナレーションの味わい深さが強く記憶に残っている。その物語の中に、ある正直者の貧しい若夫婦の話があった。彼らの家には貧乏神が住みついていて、働いても働いてもずっと暮らしは楽にならなかった。だが、神様は彼らの頑張りをよく見ていて、ある年の大晦日に福の神を送り込み、貧乏神と交代させようとした。ところが、貧乏神はその家が気に入っていて、出ていくのは嫌だと泣きじゃくった。その様子を見た若夫婦は貧乏神を哀れに思い、そのまま家に住み続けることができるようにした。困ったのは、交代要員の福の神だ。彼も困って泣きじゃくった。福の神のことも哀れに思った若夫婦は、彼も家に請《しょう》じ入れ、2つの神は仲良くその家で暮らしたとさ、というストーリーだ。

僕は、この話にとても感銘を受けた。わが子どもたち以上に、その日は番組に集中した。僕がソーシャルワーカーになるずっと前のエピソードなのだが、いま考えてもその物語には強く惹かれる。この場合、貧乏神というのは〝問題〟という語に置き換えて考えることができるだろう。良いことも、悪いことも、自分の中から排除することなく共棲《きょうせい》させながら生きていくことにこそ、人生の滋味や、言い過ぎかもしれないが豊かさもあるのではないだろうか。僕たちの身に起きることを嫌悪して排除しようとする考え方が、生きることの質を低下させるのにつながるのではないかと思う次第だ。

3. 小さな支えは、大きな支え

学びを重ねると、クライエントが遠くなる？

スクールソーシャルワーカーとして活動していた頃に、僕は十分に子どもたちの役に立てたと思えたことはほとんどなかった。自分にはできないことばかりが多くて、無力感に苛まれながらの日々だった。しかし、確信が持てない状態でも活動を放棄しなかったのは、さして役には立たなくても、人にとって支えがないよりは少しでもあった方がいいと思っていたからだ。僕には、爪楊枝《つまようじ》の先っぽほどのことしかできないけど、それがあるのとないのでは大違いだと考えてきた。

マザー・テレサは、「世の中でもっとも不幸なのは、誰からも愛されていないとか必要とされていないと感じながら生きることです」というようなことを言ったが、路上で瀕死《ひんし》の状態にある人々と関わり続けた体験を通して生み出された表現だと思う。僕はその言葉に強い共感を覚え、自分自身の活動の基盤のひとつとしていた。たとえ大した支援はできなくても、少なくとも、関わる人たちが大切で必要な存在だというメッセージを伝え続けることはできる。もし、その思いさえ通じることができれば、相手は生きることに対して向き合う力が湧いてくるのではないかという思いがあった。

子どもに限らず、僕らは人を支えたいと考える時に、苦境にある人々を深くて暗い穴から救い出すようなイメージを持ちがちだ。相談援助職を目指す人のほとんどが、似たり寄ったりの動機を持っていると言ってもいいかもしれない。だから、実際に職業人として人を支援する立場に就くと、思っていたようには役に立つことができないという現実に直面して、かつての僕のように無力感に陥ってしまうのだと思う。

人が生きる過程で他者と関わり合い、環境に影響を受け、困難は形成されるものだから、「私は援助の専門家です」と言って週一回、あるいは月に一回、ほんの数時間援助技術とやらを駆使して関わったところで、背負っている重荷を簡単に下ろしてやることなどはできない話なのだ。クライエントにとって利益になる関わり方ができたとしても、時間を要するものだと思う。今日、さまざまな支援のためのスキルが紹介され、その修得のための研修が盛んだ。中には研修マニアとでも呼べるほど、多くの研修を受けている人もいる。そのこと自体は否定されることではなく、むしろ向上心は称《たた》えられるべきことだといえる。

ただ、知識やスキルを蓄えれば単純に問題解決力が高まるかというと、かならずしもそうとは言えないと僕は思っている。下手をすると、それらを蓄えることはクライエントとの心的な距離を生み出す怖れさえあると思っている。例えば、専門職にとっては当たり前の用語であっても、それを聞いたクライエントには難解な専門用語に聞こえたりして、やたらお偉い人に思えて距離を感じられたりされかねない。また、〝支援臭〟という言葉も耳にしたことがある。専門家の衣を装って、いかにも助けてやろうなんて雰囲気を身にまとって近寄られたりしたら、後ずさりしたくなるのはよく分かる気がする。

僕は、知識やスキルを学ぶということは、学びを重ねれば重ねるほどクライエントの抱える傷みや苦しさに近づいていくことでなくてはならないと思っている。自分のキャリアアップのための手段として学ぼうとすると、困難に直面して苦闘している人を置き去りにしてしまう怖れがあるので要注意だ。

援助のプロとは？

居場所活動をやっていた頃によく経験したことだが、子どもたちとの関わり合いがとても上手だと思える人たちがいた。上手だという表現は適切ではない気がするが、他にいい言葉を思いつかないので、とりあえず上手としておく。つまり、子どもの気持ちをよく汲みとり、対応が丁寧で、子どもたちに信頼されていろいろ相談ごとを持ちかけられる人たちだ。その人たちは、別にソーシャルワークやカウンセリングの勉強をしてきた人ではなかったりする。ソーシャルワーカーを自認する僕だが、その人たちより対応のスキルが優っているなんてことは、到底言えなかった。

援助職を専門とする人間の難しさは、技量や知識とは無縁の人に比べて常に対応術や洞察力が高いと言えないところにあるということだ。相談援助には感情面の作用が大きな役割を果たす部分があるので、左脳的な理詰めの理論やスキルでは相手の心に届かないという側面がある。クライエントに近づく学びというものの形があるとすれば、その感情の受信力を高めることにあると思うのだが、それを机上《きじょう》で身につけることはなかなか容易ではない。そうするには、たぶん豊かで感情的な体験を積み重ねることが必要な気がする。

そこで、僕は専門家とはどういうことかと考えた。アマチュアの、子どもとの関わり合いが素晴らしい人たちと僕を比べた場合、どこが違うのか、何をもって区別するのか？　それを考えた時に、僕は、専門家とは時間と意識を集中することを相手にきちんと保証する存在だと考えた。ボランティアであれば、今日は他の用事があるから相手をすることができないとか、疲れて気持ちが優れないから、家族の都合があるから、などといろんな理由で相手をすることができなかったとしても、それは咎《とが》められることではないだろう。だけど、専門家としてクライエントと向かい合う場合、さまざまな個人的事情を排除してでも時間を確保し、気力を注いで向かい合うことを優先しなくてはならないと僕は思っていた。僕自身をアマチュアと区別することができるのは、そんなことくらいだろうと考えていた。

とはいえ、相手に時間と気力を集中して向け続けることは、そんなに容易《たやす》いものではない。ということを、スクールソーシャルワークの実践現場から離れてみて痛感した。相談現場を離れてからは、とても当時のように1日に複数回も、他者が直面している困難を軽減するために全身を傾け傾聴するエネルギーを保つことはできないと思った。僕が器用ではないからそう思ったのだろうが、とにかく相当な覚悟を要するものだということを、現場から身を引いた後に強く感じた。というわけで、僕の場合は専門家のハードルをかなり低めに設定していた。だから先述したように、できたことといえば爪楊枝の先っぽほどのちっぽけなことに過ぎなかった。

しかし、それほど小さなことであっても、続ける意味はあると考えていた。場合によっては、専門的スキルを駆使してクライエントに〝支援臭〟を漂わせて接するよりも、相手にとって強力な支えになることさえもあるはずだった。それでは、技量もなくてほぼ無能に映ることもあるだろうが、相手に対する真摯な気持ちや誠意といったものが、自らの専門的知識やスキルの中に相手を囲い込んで、変容させようとする行為よりも、クライエントを楽にすることがあると僕は思っていた。

何もしないのがいいこともある

ある時、大学の授業で元薬物依存症の人をゲストスピーカーに招いたことがあったが、その人は依存状態が相当重くなって廃人同様の状態になったということだった。そのままでは生き続けることさえ危ぶまれていたのだが、気を振り絞ってやっとの思いで、依存症サバイバーであり支援活動をしていたある人のところに助けを求めていったという。身も心もボロボロになって会いにいった彼女に、サバイバーである支援者はその時、何も言わずに黙ってそばにいて、ただ話を聞き続けただけだった。彼女にとってはそれが骨身に染みてありがたく感じられ、そこからやっと立ち上がり、生き直す方向に足を歩み出すことができた、という話をしてくれたことがある。

何も言わず、何もしないことがもっとも大きな支えになったという話は他でも聞いたことがあり、僕も無為の意義を感じていたので、講義の中でも、相談援助の学びの過程では何もしないことを覚えるのも大切だという話をすることがあった。何もしないということを身につけるというのは、何かをするためのいろんなスキルを学ぼうとしている者にとっては挑戦的な言葉だったと思うが、何もしない方がもっともいいと思えることは実際にあるので、状況によっては何もしない方がいいと判断する洞察力を高めることも学ぶ必要があると考えていたのだ。

ただ、何もしないことを選択したことでクライエントにものすごい剣幕で罵倒されたことがあった。しかも大勢の人たちがいるところで無能呼ばわりされたのだ。保護者の希望で不登校の子どもの訪問相談をすることになり、約束の時間に訪ねたのだが、家の中から母子が激しい口論をしているのが聞こえた。この相談は、子どもの意思を確認することなく申請されたことは明らかだった。母親は子どもに対して、僕に会うように説得している最中だったわけだ。僕は、まずいタイミングに居合わせたなと思いつつも、一応チャイムを押した。応答がなかったので、二、三度押してみた。それでも応答がなかったため、この場は無理に子どもと接触するようなことはしない方がいいと考えて、その日は帰った。

そのしばらく後に、僕が関わっていた居場所に母親がやってきて、僕が何もしなかったことをなじったのだった。「あなたはアメリカで勉強してきたっていうけど、何も役に立たないじゃないですか！」などと、いろいろ非難の言葉のシャワーを浴びせられた。確かに、僕は役に立たなかったから、何も返す言葉はなくて、黙ってシャワーを浴びていた。

それでいながらも、僕が家の中に入り込まないという判断をしたことには迷いはなかった。もし、強引に足を踏み入れて子どもに会おうとしていたら、子どもはパニックに陥っていたはずだし、場合によっては自らを傷つけたり、母親か僕に対して攻撃的な行動をとったりしていたかも知れなかった。そうまではしなかったとしても、精神的な傷を受けていただろう。母親の期待に反したことは明らかだったが、下手に意に沿うような対応をしなくてよかったと思っている。母親から無能のレッテルを貼られて、相談を受けることを拒絶されたので、その後、子どもと接触する可能性はなくなってしまった。

このエピソードを持ち出したのは、何もしないというのは、時には相手に著しい失望感をもたらす場合もあるということであり、自分の無能ぶりを非難されることにもなりうると言いたいからだ。そして、それでも無為を貫き通すには、ある種の覚悟さえ求められるということだ。

サカタのオバさん

何もしないことを覚えるということの他に、ほんのちょっとしたことが大きな力になるということも知っておく必要がある。自分では無力で何もできないと思うことは多いが、何もできないことはないのだ。相手を思い続けることはできるし、思われていることが伝われば、それが力につながることは少なくないはずだ。何気ないささやかな言葉や態度が大きな励みになるという話をする度に、僕はサカタのオバさんのことを思い出す。

サカタのオバさんというのは、僕の実家の近所に住んでいたオバさんだ。僕は、小学校の3、4年生の頃から畑作業をやらされていた。学校から帰ってきても、すぐには遊ばせてもらえず、4時頃までは畑で草むしりなどをするように命じられていた。大抵の場合、親はそばにおらず、僕は1人で作業をしていた。そんな時に、サカタのオバさんが畑のそばを通ることがあり、オバさんは通る度に優しい笑顔を浮かべて「エイボちゃん、偉かねぇ」と声をかけてくれた。僕は、それがとても嬉しくて、いつからかその言葉をもらうために作業をしている感じがあった。

オバさんには僕と同年代の男の子が3人いて、彼らは僕のとてもいい遊び相手で、よく一緒につるんでいた。家にもよく上がり込んで遊んだものだが、僕の意識はたえずオバさんにあったといっていい。オバさんは何気なく言葉をかけていたはずなのだが、いろんな意味でコンプレックスの強かった僕にとっては、輝きに満ちた言葉だった。中学生、高校生になるとオバさんと接する機会も減ったし、特に大学に入って家を離れてからは、たまに帰省した時に会うチャンスがあるかどうかという程度になったが、僕は実家に戻る度にいつもオバさんと行き合うことを期待していた。

スクールソーシャルワーカーとして活動していた頃、やんちゃな子どもたちは二度と非行と呼ばれる行動をしないと、親や教師に約束をさせられたものだ。だが、ふたたび同じようなことを繰り返すことがあった。そうなると、周囲は落胆して怒りを子どもにぶつけ、見捨てるような態度をとった。そんな時、僕は子どもに向かって、「君がまた同じようなことをしたのはとても残念だ。でも、ここからまた頑張ろう。オジさんはできないことがたくさんあるけど、君を見捨てないことだけはできるよ。それだけは約束できる。だから、これからまた一緒にやっていこう」というような言葉かけをしていた。その言葉は、決していろいろ計算して言っていたわけではない。掛け値なしの本心だった。子どもたちの心に届くかどうかも分からず口にしていた。だけど、その言葉が大きな力になっていたということを後から知った。

サカタのオバさんにしろ、僕にしろ、本人からすればほんのちょっとした言葉が大きなインパクトを与えることもあると考えると、僕たちには何もできないどころか、できるという可能性が満ちあふれていると僕は思うのだ。〝誰からも愛されず、必要とされないで生きること〟が人にとっての最大の不幸だとすれば、それを防ぐためにできることがある。それは、「あなたを思っています」「あなたは、私にとって大切な人です」と伝えることだ。どんなに己の無力感に苛まれている援助者であっても、それだけはできることだし、それ以上のものはないだろう。

スクールソーシャルワークはどこへ向かうのか

と、ここまで書いて、スクールソーシャルワークの現状を振り返ってみると、僕のこうした言葉が果たしてどれだけ共有されるだろうかと不安になってしまう。クライエントに、「あなたは大切な人です」とか、「必要な人です」なんてメッセージを発することは異次元のことだと考える人たちもいるのではないかと思うのだ。それというのも、わが国のスクールソーシャルワーク実践においては、子どもとは直接会わずに、学校関係者に対する助言や、関係する機関との連携に特化した活動を展開している自治体のソーシャルワーカーが多いからだ。そもそも子どもと会わないのだから、どんな内容であっても直接メッセージを伝える機会が存在しないのだ。

僕は、自分が活動していた時代に、子どもと会わないスクールソーシャルワーク活動があるなんて夢想だにしなかった。だから、相手と信頼感を高め合うことや、元気づけるというプロセスを排して、ソーシャルワークの機能や役割をどのように遂行するのだろうかと疑問を抱き続けているのだが、この日本独特の、僕に言わせれば歪《いびつ》な形態はどうして広がっていったのだろう？　学校関係者から提示される子どもや家族に関する情報は、担任などのフィルターを通して提供されるのでバイアスがかかる。バイアスがかかった情報をもとにした助言では、子どものニーズに合致しないことが想定される。そのことは僕自身も活動の過程で身をもって体験したことだ。

僕は新しくケースを担当することになった時は、まず相談の申請者である学校へ赴き、相談の内容を把握するため担任や学校長から話を聞くことにしていた。それから保護者と会い、ある程度本人と彼・彼女を取り巻く状況に関する情報をもって、子どもと接触するという手順をとっていた。ツッパリの子どもたちと関わっていた頃は、学校で得た子どもの情報と、直接会った時の印象のギャップに驚くことがよくあった。活動を始めたばかりの頃は、学校で話を聞いているとまるでモンスターみたいな子ども像が浮かんできて、実際に会うのが怖くなるということがあったものだ。それが、いざ本人と直接会ってみると、意外に可愛い中学生に見えることがあった。間接情報だけだと、そういったギャップに気づけないまま対応が展開されるわけだから、ミスマッチの確率が高まることは避けられないはずだ。スクールソーシャルワークがソーシャルワークの実践であるとすれば、こうしたあり方は変えられなくてはならないと思っている次第だ。

真に子どもたちのサポーターであれ

話が少し逸れた。小さなことでも大きな支えになることがあるという話だった。そんなことを言っていると、何かにつけて評価が重視される時代にあっては冷笑されかねない。スクールソーシャルワーカーの活動は教育委員会や議会に成果を報告することが求められるので、目には見えないようなささやかな支援では報告する術がないし、何もしないことがいちばん大きな支えになるなんてこと、一体どうやって可視化すればいいんだろうって話になるだろう。

成果というのは、ほぼ数値化して示されるものなので、対人援助の成果を数値で表すなんてことになると、不登校の子どもが何人学校に復帰したかというレベルの話になってくる。そうなると、子どもたちが学校復帰に駆り立てられて支援どころの話ではなくなってしまう。かくして、スクールソーシャルワーカーは本来のサポーターとしての本筋から外れて、抑圧者としての途を歩むことになるわけだ。ＳＮＳでは、スクールソーシャルワーカーは教育委員会の回し者で、親や子の味方ではないという書き込みを見かけたこともあるが、スクールソーシャルワークの言い出しっぺとしては胸を塞がれる思いだ。

活動の成果を求められるのであれば、教育委員会などが求める基準に沿ってそれを示すのではなくて、あくまでも子どもや親の利益に叶《かな》った形で提示するよう工夫をする必要があると僕は思う。教育委員会や学校から求められるままに、学校復帰者が何名などと提出するのではなく、異なる評価基軸を考え出し、それに基づいて報告するのである。異なる基軸とはどんなことであるかは、それぞれが頭を捻《ひね》って考えることだ。子どもたちのサポーターであり続けるには、しなやか、かつ、したたかであることが求められると言い続けてきた。それにつけ加えることがあるとすれば、自分自身が排除されないような形で、という言葉だ。

スクールソーシャルワーカーは、教育現場では絶対的な少数者だ。身分保障もまだまだ不安定で、条件的には究極の弱者だ。だが、子どもの擁護者としてのアイデンティティを保持する限り、存在する意義はある。少数で弱い立場であっても、スクールソーシャルワーカーは子どもたちの代弁者であることにやり甲斐《がい》を覚える人たちであってほしいと思う。

子どもたちのロールモデルになりたいとか、なれればなどということは一度も考えたことはなかった。僕はただひたすら、彼らが直面する困難がどうすれば軽減するのか、その方策を模索して右往左往していただけだった。スクールソーシャルワークという仕事もまったく知られていなかったから、そのことについて子どもと話すこともなかった。それでも、関わった子どもの中でスクールソーシャルワーカーやカウンセラーを目指すようになった者たちがいた。僕との関わりの中で、対人援助職に惹きつけられる何かがあったのだろう。ロールモデルになりたいとは思ったことがないとはいえ、同じような道に進みたいと考えた子どもたちがいたのは嬉しいことだった。この仕事をしていてよかったと思える瞬間でもあった。僕の後輩のスクールソーシャルワーカーたちからも、関わっていた子どもがスクールソーシャルワーカーになることを目指したという話は耳にした。

間接援助では、こういった機会に恵まれることはあり得ない。それは惜しいことだと思う。子どもたちが同じ職種を目指さないにしても、いい大人と出会えたという経験は、僕がサカタのオバさんに対して抱いた感情と相通じるモノを子どもたちにもたらす可能性がある。だから、子どもと会わない活動に終始するのはもったいないことでもあると思う。困難とされる事象の多くが、他者との関係の希薄さ

夜の灯りのような存在になれたら…

によって重篤化しているという現実を踏まえるならば、そしてソーシャルワークが人と人や組織をつなぐ仕事だとすれば、もったいないではすまされないことかもしれない。ソーシャルワーカーがソーシャルワーカーであるためには、クライエントとの直接的な関係は手放してはならないことではないかと思うのだ。

たとえ爪楊枝の先っぽほどのことぐらいしかできないちっぽけな存在であったとしても、楊枝の芯には、熱くて温もりのある灯火を点《とも》し続けて日々の活動は続けられてほしいものだ。

4. 海外での支援について

モンゴルとの出合い

僕は、1999年からモンゴルに行くようになった。最後に行ったのが、コロナ禍前の2019年だ。正確に回数を数えていないが、たぶんその間、三十回ほど足を運んだ。行くきっかけになったのは、マンホール・チルドレンの存在を知ったことだった。マンホール・チルドレンというのは、貧困ゆえに家族と一緒に暮らすことができない子どもたちが、街中に張り巡らされている暖房用のスチーム・パイプを点検するマンホールの中で起居していたことから名づけられた。モンゴルは真冬には零下40度にもなる寒い国だから、暖かい国の子どもたちのようにストリートをねぐらにすることはできない。そんなことをしたら、間違いなく凍死する。だから、6畳ほどのスペースがあって、スチームの暖気がある点検用のマンホールに、寒さを逃れるために大勢が住みついたのだった。その、マンホール・チルドレンと称される子どもたちが、1990年代の半ば頃から急激に増え始め、首都のウランバートルだけでも多い時は３０００人から４０００人に及んだ。当時のモンゴルの人口が約２５０万人だったから、人口比からすると相当高い割合だ。

マンホール・チルドレンが出現したのは、モンゴルが１９９０年に社会主義体制から市場経済体制に変わったことが原因だ。社会主義体制下では、社会保障も経済も国家の統制下にあった。だから、最低限の生活が保障されていた。ところが、急激な体制の変化は、社会に大きな混乱をもたらし、特に経済システムが崩壊してしまった。したがって、多くの市民が貧困に見舞われ、子どもたちが家を出ていくという状況が生じたのだった。

そうした子どもたちが現れても、国の財政は破綻してしまっていたため、救済することができず放置されているといってもいい状態だった。子どもたちの窮状《きゅうじょう》を知った外国のＮＧＯが支援活動に入ったが、路上に溢《あふ》れている子どもたちを支援するに足るほどの数ではなかった。

それまで僕は、モンゴルに対して、どこまでも広がる緑の草原と羊や山羊の群れ、そして点在する真っ白なゲルという牧歌的なイメージしか持っていなかったため、子どもたちの置かれている状況を知った時は衝撃だった。僕は彼らの過酷な様子を知り、看過できない気持ちになって、自分にも何かできることはないかと考え、手がかりを求めて行動し始めたのが１９９７年のことだった。

僕は、モンゴルとは何の接点もなかった。まったくゼロからのスタートだった。そのレベルから、いろいろ手がかりを求めて動いた結果、当時東洋大学で教鞭《きょうべん》をとられていた一番ヶ瀬康子先生がモンゴルの厚生省の顧問をしておられることを人づてに聞いた。先生とは面識がなかったが、僕のスクールソーシャルワーク活動を知っておられたはずだったので厚顔《こうがん》にも手紙を書いた。一番ヶ瀬先生は幸いにも僕を受け入れてくれ、まずは先生のお弟子さんたちと一緒に事前勉強をすることを勧めてくれた。事前学習会に参加し続けた後、高齢者分野での交流活動をされていた一番ヶ瀬先生のグループに随行する形で、１９９９年の夏の終わりに、初めてモンゴルの地に足を踏み入れた。僕のフィールドは児童分野なので、先生の一行とは別行動をとりながら、自分の活動の足場を模索した。当然といえば当然のことだが、最初の訪問では現地の様子を外から眺めるという程度で、その後の活動についてまったく見通しが持てるような手がかりを得ることができなかった。

それでも、後から考えると、その時にとても素晴らしい人物と巡り合うことができた。その人物と出会うことがなかったら、僕のモンゴルでの活動は頭の中で思い描くだけに終わって、きっと何度か訪れただけで挫折に終わっていただろう。巡り合った人物というのは、一番ヶ瀬先生一行の通訳だったムンフさんという女性だ。彼女は、国費で日本語を学ぶためにわが国に留学した最初の人だが、30人くらいはいたツアーメンバー間で生じる細々としたトラブルに実にテキパキと対応していて、単に事務的に通訳をするという役割を超えて動き回っていた。その様子を遠くから眺めていて、この人に僕の活動の手助けをお願いしようと思った。そこでちょっとした合間を見つけて、彼女に「私は、これからモンゴルに何度も来ることになると思うのですが、その時には通訳としてお願いしてもいいですか？」と訊いた。ムンフさんは、僕の申し出に対して快く「いいですよ」という返事をくれた。かくして、僕はきわめて有能なパートナーに出会った。我ながら、人を見る目があると自画自賛したものだ。

その後の彼女の尽力は申し分がなかった。僕が知りたいと考えていた児童領域の施設や機関を特定し、それだけにとどまらず視察の手はずを整えてくれたり、僕が同行の仲間と車の中で「こんなところがあるらしい」などと曖昧な情報に基づいて言葉を交わしているのを側で聞いていて、翌日にはその施設の名称や所在地を調べておいてくれたりするという、まさに痒いところに手が届く感じの動きをしてくれた。後年、一時的にロシアのイルクーツクで生活されたこともあったが、僕がモンゴルに行く時には、必ず帰国して一緒に行動するということまでしてくれ、あまりにも有り難くて頭が地面よりも下に届くくらいの感謝をしたものだ。そのうちに親しさの度合いも深まっていき、家族ぐるみのつき合いをするまでになった。

子どもたちとの縁をいただく

そんな出会いに恵まれて、最初の3年間ほどは直接的な関わりをもつ施設を特定するためのリサーチをするという感じだった。年に数日間しか滞在することができない僕が、マンホール・チルドレンと呼ばれる子どもたちに対する直接的な支援をするのはできることではないと早々に判断し、彼・彼女らが保護されている施設との関わりを考えていた。当時は、保護施設としては国立の児童養護施設と、海外のNGOが運営している施設があった程度だった。国立の児童養護施設は何度か訪ねたが、海外からの支援が少なくはなく、緊急保護施設的な養護スタイルをとっているわけでもないことが分かって、僕がその施設に新たに関わる意味合いはそれほどないと感じていた。

そんなことを考えている時に、ムンフさんと一緒に教育省を訪ねて、子どもたちの全体的な状況をヒヤリングしている際に、それまで知らなかった施設の名前が出てきた。その施設は、増加するマンホール・チルドレン対策として、国の委託を受けてウランバートル市が運営しており、開設されてから、まだ4、5年ほどしか経っておらず、海外からの支援もほとんど入っていないという話だった。僕が、その日のうちに施設を訪ねてみたいと伝えると、担当者はすぐに施設長へ連絡をしてアポを取ってくれた。

児童施設というと、独立した建物という固定観念があったのだが、到着した施設は僕の概念を完全に打ち砕いた。そこは団地にある大きなアパートのような建物で、その半分を施設として利用しているということだった。建物に玄関らしき物はなく、メインフロアは5階か6階だったかと思うが、エレベーターはなくて、歩いて階段を上っていくことになっていた。ところが、建物の中は照明がなくて暗く、しかも階段は今にも壊れて落ちそうな代物で、足を踏み出すのが怖くて腰がひけてしまうほどの廃《すた》れようだった。

恐る恐るたどり着いたフロアもやはり薄暗かったが、そこでは大勢の子どもたちが元気に動き回っていた。物資が行き届いていないのは明らかだった。子どもたちの着ている服もこざっぱりしているとは言えない感じがした。僕は、施設長にその施設の概況と生活の様子を訊いたうえで、自分が定期的に訪ねてきてもいいかをまず尋ねたところ、いろんな点で厳しい運営状況なので、外部の人が少しでも関わってくれることは有り難いという返事を得た。そこで、その施設に定期的に関わることを決めた。リサーチの段階で、他にいくつかの児童関連の施設とも関わりが生じていたので、それらとも関係を有しつつ、この施設を中心に関わることにしたのだった。そういうわけで、2001年から15年間ほど、この施設へは年二回ほど通い続けた。

ちなみに、その施設は使用されなくなっていた兵舎の半分を利用していることが後で分かり、訪問を重ねるうちに何度も改装されて、次第に小綺麗《こぎれい》になっていった。子どもたちが着ている服もこざっぱりしたものになっていったことは、施設と子どもたちの名誉のためにつけ加えておく。

その施設に関わり続けて何ができるかは分からなかったが、子どもたちとの直接的な交流と、物資の支援をすることを考えていた。活動するうえで1人でできることには大きな限界があるため、仲間たちに声をかけ、関心を示す人たちを巻き込むことにした。フレンズ・オブ・テンゲルという任意団体を立ち上げ、数人が賛同して加わってくれた。また、大学で海外現地研究という科目を担当していたので、必然的にモンゴルの話をすることが多かったため、実際にモンゴルへ行ってみたいという学生たちが出てきた。そこで希望者を募って同行することにした。そうしたら、毎年参加する学生たちがいて、15年間ほどの間に延べ１２０人以上は参加したと思う。中には、在学中に六回とか七回とか参加した学生もいた。親から、「外国というのはモンゴルだけじゃないんだよ」と言われたという学生さえいた。学生たちが参加するのは、彼ら自身の学びになることはもちろんだが、モンゴルの子どもたちにとっても大きな意味があったように思う。子どもたちとの関わりについてはさまざまなエピソードがある。それらを記すには多くの紙数を要するため、残念ながらここでは最小限にとどめざるを得ない。エピソードの中のハイライトのひとつは、２００３年に助成金を得ておこなった、施設の子どもを日本に招くという交流事業だ。当時、8歳から16歳までの子ども13人が来て、日本の児童養護施設で暮らす子どもたちや、日本社会事業大学の学生たちと交流したり、それぞれが2、3人に分かれてホームステイを体験したりするなどして10日間ほどを過ごした。

その時は、この子どもたちが成人するまでは関係を保ち続けようと思ったのだが、幸いにして、今ではすっかり成人している彼らのほとんどと縁がつながっている。僕がモンゴルに行った時には、必ず何人かが会いに駆けつけてくれる。そうしたつながりが切れないように、ムンフさんが彼らと関係を保ってくれていることが大きい。彼女の有能さは、そんなところでも発揮されてきた。また、

SNSの存在も大きく、Facebookでつながっている若者たちも数十人はいる。書いてあることはほとんど分からないが、彼らが元気で過ごしていることは分かる。交流事業で日本に来た子どもたち同士の絆《きずな》はとりわけ強いようで、ことあるごとに連絡をとりあっているようだ。日本を訪れたことは、彼らのその後にいい意味でのインパクトを与えたようで、日本に自分たちを応援している人たちがいるので、ちゃんとした生き方をしなくてはと励まし合っているという。

その他にも、子どもたちとはいろんな縁ができて、何人かの子どもたちをホームステイさせたり、子どもたちが施設を退所した後の住居を確保するために、フレンズ・オブ・テンゲルの仲間同士でお金を出し合って、ゲルを買って提供したりもした。中には、ソーシャルワークを勉強するために大学へ行って、その後、日本の大学院で学んだ若者もいたし、音楽の専門学校へ行って、その後音楽大学へ進学し、途中で歌の才能を見込まれてKポップ風のユニットに参加して、一躍モンゴルのアイドルになった子もいる。滞在中に移動する車の中では、その子のグループの曲が繰り返し流れてくるということもあった。両親もきょうだいもいない、今では大人になっているその女性は、わが家に数ヶ月ホームステイしていたこともあって、僕のことをダディと呼ぶ。ずいぶん老けたダディだが、僕が彼女のことを気にかけていることが少しでも支えになるのであれば、かなりくたびれたダディではあっても、その役を受け容れていこうと思いながら関係を維持しているところだ。

国立教育大学名誉教授だって!?

児童養護施設との関わりに加えて、モンゴル国立教育大学とモンゴル・スクールソーシャルワーク協会との関係も続けた。社会主義体制下では国家が社会保障問題をすべて担っていたが、民主化によってそれがなくなった。大きな社会変革によってさまざまな問題が噴出したにもかかわらず、問題に対処する術がなかったため、ヨーロッパの人道支援NGOの支援を受けて、1997年に国立教育大学にソーシャルワーク学部が設置された。一番ヶ瀬先生がアドバイザーとして大学とも関わりを持っておられたが、僕が継続的にモンゴルに関わるということを知られて、僕に大学との関わりをするように勧められた。僕も、いろいろ手がかりを求めている頃だったので、喜んで引き受けた。

教育大学ではソーシャルワーク学部を設置したものの、教育するための知識や経験を有する教員がおらず手探りの状態だったので、僕は務めていた大学に教員たちを招聘《しょうへい》して、研修を受ける機会を設けたり、僕がモンゴルを訪問した時には必ず大学へ顔を出したりして、教員たちと交流した。また、日本とモンゴルの学生たちが交流する機会を設け、何やかやと関係を保ってきた。スクールソーシャルワークは、モンゴルで1999年に制度化されたが、こちらもスクールソーシャルワークに関する知見があってスタートしたわけではなかった。当時、日本でもまだ制度化はされていなかったが、僕なりの経験があったし、アメリカの関係者たちともつき合いがあったから、訪問する度に交流し、時にはソーシャルワーカーの研修をする機会を設けたり、助言をするなどしたりした。

２０１９年に訪ねた時には、直前になってムンフさんからモンゴル国立教育大学に、僕の英文の履歴書を至急送ってほしいと連絡があった。僕は、勤めていた大学を退職して時間も経っていたので、今後共同研究をやることもないと思うから、履歴書は送っても仕方がないと、提出することを渋った。すると、ムンフさんが珍しく粘って、何とか提出してほしいと言ったので、簡単にまとめたものを送っておいた。そういう経緯があった後に、現地に行った時の恒例となっている大学訪問をした。すると、いつもと違う立派な部屋に案内された。そこには児童養護施設の施設長や、モンゴル・スクールソーシャルワーク協会の会長など大勢の人たちがいて、何だか改まった雰囲気があった。そしたら、これから僕

モンゴル教育大学名誉教授サプライズ式典

のモンゴル教育大学名誉教授の授与式をするというのだ。サプライズの儀式が準備されていたのだった。僕はラフな格好をしていて、その場には全然ふさわしくない服装だったので大いに戸惑ったのだが、ガウンと帽子が用意されていたため、ラフな服装は分からない手はずになっていた。まさか、僕がモンゴルの大学の名誉教授⁉と驚き、それにふさわしいような貢献をしたとも思えず、真っ赤なガウンを着せられたことに、ただ恥ずかしさがいっぱいでその場にいた。だが、同席していたムンフさんが、僕が称号を受けたことをとても喜んでくれているのを見て、それで僕は彼女のその表情が嬉しくなって、素直にありがたく頂戴する気持ちになったのだった。ガウンは、むしろムンフさんに着てほしいとさえ思ったものだ。

支援って、それでいいの？

僕はここで、僕なりの海外支援に関する考えを述べたくて本書を書き始めたのだが、モンゴルとの関わりを書き始めたら、そちらの方にスペースをだいぶん割いてしまうことになった。

僕はモンゴルと関わる前に、海外の支援活動に携わったことはなかった。それでも関心は抱いていた。その中で、支援のあり方に疑問を抱くことが何度かあった。その疑問とは、物資の支援の仕方についてである。例えば、かつてミャンマーの高齢者施設を訪ねた時のことだ。国立の施設で建物の外観も、内部も清潔に保たれていた。建物の中を案内されて歩いている時に、フロアの一角に車椅子が大量に並べておいてあった。置かれている状況から判断すると、利用されているようには思えなかった。それらの車椅子には、寄贈した日本の団体の名前が書いてあるラベルが貼ってあった。おそらく、それらの車椅子は動かされることなく、その場に留め置かれることになるのだろうなと思われた。なぜなら、建物にエレベーターはないし、通路には段差があるしで、車椅子の移動には困難が伴うだろうし、さらには車椅子を後ろから押してサポートをするほどのスタッフがいるとは到底思えなかったからだ。せっかくの寄贈品だが、利用する可能性がないものでは、何もしないのと同じことになりかねないなと思ったものだ。

似たようなことは、モンゴルの支援の過程でもあった。ある自治体が、モンゴルに自転車を送るのでと寄付を呼びかけたことがあった。僕はそれを知って驚いた。自転車の寄贈を考えついた人たちは、果たしてモンゴルのことをどれだけ知っているのだろうかと思った。一に、モンゴルは寒い国だ。1年の半分以上は厳しい寒さだし、たとえ夏場でも曇天や雨など降ろうものなら、日本の真冬と同じ寒さになる。しかも、道路事情は悪い。凹凸だらけの道ばかりで、しかも交通ルールなどないに等しい荒っぽい運転が当たり前だ。僕など、モンゴルではゼッタイに運転することができないと思うほどの怖さだ。そんな条件下で、誰が自転車に乗るのだろうと思った。気候の面からも、安全面からも、自転車は交通手段として有効ではないのだ。そんなところに、大量に自転車を送られても、受け取った方は困惑するに違いない。某自治体によるキャンペーンのその後については知らないが、もし実際に送られたのだとすると、その後の自転車の扱われ方を知りたいものだ。

また、国の内外を問わず、救援物資として衣類がよく送られるようだが、これも洗濯がされていないような不潔な服だとか、綻《ほころ》びがあるような物が送られてくるという話を耳にすることがある。そのような物を送られた側は、場合によっては自尊心を傷つけられるのではないかと思う。不足しているであろう物を送って支援したい気持ちは貴いことだが、下手をすると侮辱行為とも受け取られかねないのだから、支援物資を送るにしても、相手への敬意と心遣いは十分に備えておくべきではないかと思う。

支援する側と、それを受ける側との認識のズレは生じがちなので、それを避けるための配慮や、支援後の検証が重要だと考えている。たとえそうしたことを気にかけてはいても、完璧というわけにはいかず、違和感を覚えられることもあるだろう。だから、支援活動の中枢を担う人たちは、齟齬のリスクを低減するための配慮を事前に十分しておく必要があるだろう。

僕のモンゴルでの活動は、人的な交流に比重をかけていたが、物資が逼迫《ひっぱく》している現実を軽視することはできないので、物資を届けることも活動の重要な柱であった。僕は物質的な支援をする場合は、相手側にいま何が不足していて、何が必要なのかを必ず聞いてから準備するようにした。ここでもムンフさんの手助けが大きかった。ムンフさんが聞き取ってくれた物資のリストをもとに、僕らは市内にある巨大な市場に出かけ、目的の品物を購入し施設へ持ち込んだ。財政力があっての支援ではなかったが、円とトゥグルグというモンゴルの通貨格差は10倍程度あったため、多額の円ではなくてもけっこうな量の物資を購入することができたのは幸いだった。

衣類が必要な時も、日本で寄付を募るようなことはしなかった。衣類が集まったとしても、物によっては洗濯をしたり、仕分け作業をしたり、さらには荷造りをして発送作業をするだけでもけっこうな労力を必要とする。加えて、送料もけっこうな出費になる。だから、そうした手間や出費を避けるために、僕らは現地で物品を調達した。送料分だけでも、かなりの量を購入することができたし、地元でお金を使うことがその土地の人たちの助けにもなるので、二重三重の意味で現地調達の方がメリットがあると考えた。例外的に、モンゴルではなかなか調達できにくい楽器類は日本で買っていった（施設では音楽の演奏活動に力を入れていた）。ソーシャルワークの実践では、相手のニーズを把握して支援することを大事にしていたが、ソーシャルワークの考え方と方法が、モンゴルでの活動においてずいぶんと役立っていたように思う。

ちなみに、物資を購入するために行っていた市場はかなりの広さだった。混沌《こんとん》という言葉がピッタリくるような場所だった。そこは人々が密集していて自由に動きがとれない、まるで満員電車の混雑時のようだったりするので、仲間とはぐれないようにするのが大変だった。人が多いので、スリも多かった。彼らが活動をするには絶好の条件だっただろう。何しろ、人同士が密着するのは当たり前だから、ポケットに手を忍び込ませても気づかれることは少なかっただろう。そういうわけで、同行者の何人かは被害に遭った。貴重品は、移動する車の中に残して市場に入るようにしていたが、それでも自分用にお土産を買うこともあるので、財布は携行する。僕は、絶えず同行者に注意するようにと声をかけて市場の中を進むのが常だったが、十数年の間に二度被害に遭った。一度目の時は、お尻側のポケットに違和感を覚えたので、すぐに振り返って「財布を返せ！」と日本語で叫んだ。数人の仲間らしき男たちがいたが、その時僕は何の恐怖感も抱かず、男たちの方に向かって言った。男たちは最初シラを切っていたが、僕の剣幕に押されたらしく、おとなしく財布を差し出した。後で考えると、相手に向かっていくのはちょっと危険だと思ったが、その時は身体と言葉が反射的に出てしまったのだった。そんな場所だったが、カオス的な雰囲気に満ちあふれた市場へ行くのは、毎回緊張感があって、ある意味ではモンゴル行きの楽しみのひとつであった。

6月の野花が美しい頃に

2010年頃になると、モンゴルに行き始めた頃とは、首都ウランバートルの様子もだいぶん様変わりし、近代的なビルが建ち並び始めたが、エネルギーに満ちた雑多な雰囲気はむしろ拡大したかもしれない。そんな変化が激しい環境の中で、施設を出たあとに家族を持って子どもを授かっている若者たちがいる一方で、肉親がいなかったり、いてもサポートを得られなかったりする者たちがいる。そんな若者たちに、僕が生きている限りは、それぞれのことを気にかけていることだけは伝え続けたいと思っている。僕のいつもの言い草だが、爪楊枝の先っぽほどのことしかできない、でもそれがあるのとないのでは大きな違いだ、という考えにこだわって応援を続けるつもりだ。僕の高齢化や財政状況から、今では現地に行って直接交流することが難しくなっているのが残念だが、ＳＮＳがあるおかげで、幸いにして近況確認ができることが救いだ。

出会った子どもたちや、ムンフさん、そしてその他の人々がいるために、モンゴルは僕にとって、単なる異国ではなくなっている。僕は、自分の関わりの証しとして、死んだら、遺灰の半分はモンゴルの草原に撒《ま》いてほしいとわが子たちには伝えてある。妻の遺灰を撒いた付近だ。場所はムンフさんが知ってくれている。できれば、6月の野草の花が咲き乱れている頃に、と願っている。

施設を出た若者たちと同行者たち

あとがき

10代中盤から20代前半にかけて、僕は先の人生が見えているような気持ちでいた。どうせ長く生きても、いいことなんて何もないし、自分に起きることなんてたかが知れていると思っていた。ある意味、自分の人生に対して投げやりになっているところがあった。それは、人生を肯定的に捉えることを難しくさせるようなできごとがあったからだ。

そんな後ろ向きな気持ちを抱えながらも、生きることを放り出してしまわずに、生きていることを続けているうちに、醒《さ》めているつもりだった僕の思い込みを揺るがすようなできごとに出合い続け、先が見えていたつもりの人生は、自分でも想像がつかないような展開となった。

職種だけをとってみても、サラリーマン、カメラマン（のタマゴ）、植木職人、病院事務員、スクールソーシャルワーカー、大学教員と、まさに脈絡のない変転ぶりだった。大学時代までは慎重居士を自認していたはずなのに、舵は大きく方向を変えることとなった。迷走を続けながら生き続けてみると、想定外のことが起きるものだ。それらは、自分で呼び込んだり、外から飛び込んできたりした。

僕は自分の身に起きたことのあれこれの一部分を本書に綴った。決して他人に勧められるような足取りではないが、脱線しても立ち止まっても、これ以上先には道がないということはなかった。そして、人生の途上で出会った多くの人たちとの関わりが生きる力を与えてくれてきた。

かつての僕と同じように、人生を半ば諦めかけているような人たちには、とりあえず人と出会うことだけは放棄しないでほしいなと思う。他者との出会いが、思わぬ化学反応を起こし、人生の軌道をシフトさせる可能性があるからだ。人に傷つけられたり、場合によっては傷つけたりして、人間関係に疲れ果てることがあるだろう。それは避け難いことだ。でも、心の扉には僅かでもいいからすき間を空けておくといい。そうすれば、人が忍び込んでくる余地がある。子どもたちとのエピソードにしても、彼・彼女たちが僕を受け入れる寛容さを持っていたことによって、協働作業ができていろんな変化が起きたし、僕が変わることもあった。

他者の支援に携わる人たちには、知識やスキルに過度な比重をかける以前に、まず1人の人間としてクライエントと出会い、その出会いの中から生まれる関係性や感情などを基軸にして関わり続けることを願いたい。そして、願わくば、関わる対象となる人々に希望や勇気を抱いてもらえることができたら、どんなにいいことかと思う。そうなることは、相手にとっていいだけではなく、援助者にとってもエンパワーメントの機会になるからだ。

僕は70歳で大学教員生活をリタイヤしてからは、もう本を出すことはないと思っていた。文筆を生業《なりわい》としているわけではないから、この年齢になって書くこともないし、意味もないと考えていた。

ところが、こうやって新しく出すことになった。というのも、強力な後押しがあったからだ。

本文中で触れている、コスモス村を一緒に運営してくれている中澤庸子さんとは、度々打ち合わせをする機会がある。打ち合わせの合間や、終わってからは、あれこれよもやま話もする。そんな話をしている間に、彼女は自分だけが話を聴くのはもったいないから、他の人たちにも共有してもらいたいので、ぜひ本としてまとめてほしいと勧めた。僕は、最初は今さら執筆をする気はないと拒んでいたのだが、そのうちに彼女に洗脳されて書く気持ちになってきて、結果的に出版という形にまで至った。したがって、本書が世に出るための最大の功労者は中澤さんだ。プロデューサーといってもいいだろう。

ただ、一旦原稿を書いてからも出版に向けて具体的に動き出すモチベーションが湧かずに、しばらく放置していたのだが、たまたま僕の原稿のことを知った郭理恵さんが、原稿チェックをするから出版に向けて動こうと申し出てくれた。郭さんは、NPO法人コスモス村の理事であり、スクールソーシャルワークと、修復的対話の展開に向けて共に活動している仲間だ。彼女は編集作業を丁寧にやってくれ、おかげで体裁をだいぶん整えることができた。ディレクターともいえる役割を果たしてくれた。

さらに、原稿をまとめたものの、大学教員を辞めてかなり時間が経ってしまったので、出版社とのコネクションもほとんどなくなってきており、コスモス村で自費出版という方向で検討していた。

ところが、中澤プロデューサーが、何とか出版社から出したいと言い始めたので、かつて何冊か本を出したことがある明石書店に出版を打診してみた。

当時の編集者は退職していたので、一度だけ会ったことがある深澤孝之さんに連絡をとった。明石書店は専門書を中心に扱っている出版社であるため、僕が書いたエッセイ風の原稿は社風にそぐわないのではないかと危惧《きぐ》していたが、深澤さんが企画を通してくれて、日の目を見ることができるようになった。さらに同書店の編集者である柳澤友加里さんが最終的な原稿のチェックを細かくしてくれたおかげで、何とか体裁を保つことができるようになった。

この4人の人たちには感謝の言葉しかない。彼らの厚意が徒労に終わらないために、本書ができる限り多くの人の手に渡ってほしいと願うばかりだ。他にも、独居老人の僕が、孤独感や寂寥感にとらわれることなく生活を続けることを可能にしてくれている家族や仲間たちの存在が、筆を進める（パソコンのキーボードを打ち続ける）エネルギーを与えてくれたこともつけ加えておきたい。

本書は僕の手元から離れて、これから人々との出会いを求めて旅立つことになる。良き出会いに恵まれることを願いつつ、見送ることにしよう。

２０２３年７月

山下英三郎

中扉引用

パートⅠ

岡林信康（1979）「山辺に向いて」『街は素敵なカーニバル』ビクターエンターテインメント

パートⅡ

福岡正信（1983）『わら一本の革命』春秋社

パートⅢ

星野道夫（2001）『ラブ・ストーリー』PHP研究所

パートⅣ

西岡常一（1993）『木のいのち木のこころ（天）』草思社

◉著者紹介

山下 英三郎

1946年生まれ。日本社会事業大学名誉教授。NPO法人日本スクールソーシャルワーク協会名誉会長。NPO法人コスモス村代表。

1969年早稲田大学法学部卒業。社会人経験を経た後、1983年に米国のユタ大学ソーシャルワーク学部修士課程に入学。1985年に同課程を修了。1986年から埼玉県所沢市において、わが国で初のスクールソーシャルワーカーとして実践活動を行う。1997年から日本社会事業大学教員。1987年から2010年までフリースペース「BAKU」運営。また、1999年からモンゴルにおける児童支援とソーシャルワーク教育支援に従事。2016年に長野県富士見町に移住。2018年からNPO法人コスモス村を立ち上げ、ソーシャルワークと修復的対話の宿泊研修を実施している。

主な著書に、『修復的アプローチとソーシャルワーク――調和的な関係構築への手がかり』（明石書店、2012年）、『いじめ・損なわれた関係を築きなおす――修復的対話というアプローチ』（学苑社、2010年）、『相談援助――自らを問い可能性を感じとる』（学苑社、2006年）、『スクールソーシャルワーク――学校における新たな子ども支援システム』（学苑社、2003年）他多数。

迷走ソーシャルワーカーのラプソディ
どんなときでも、「いいんじゃない？」と僕は言う

２０２３年８月１５日　初版第１刷発行

著　者　山下英三郎
発行者　大江道雅
発行所　株式会社 明石書店
〒１０１‐００２１　東京都千代田区外神田６‐９‐５
電話　０３（５８１８）１１７１
ＦＡＸ　０３（５８１８）１１７４
振替　００１００‐７‐２４５０５
https://www.akashi.co.jp/

装丁　清水肇（prigraphics）
印刷・製本　モリモト印刷株式会社

ＪＡＳＲＡＣ出　２３０４４４５‐３０１

（定価はカバーに表示してあります）　ISBN978-4-7503-5620-4